Stefan Dietrich

Constanze Manziarly

Hitlers letzte Diätköchin

BERLIN STORY VERLAG

IMPRESSUM

Dietrich, Stefan:
Constanze Manziarly –
Hitlers letzte Diätköchin
1. Auflage — Berlin: Berlin Story Verlag 2021
ISBN 978-3-95723-154-3

Leuschnerdamm 7, 10999 Berlin
Tel.: (030) 20 91 17 80
Fax: (030) 69 20 40 059
UStID: DE276017878
AG Berlin (Charlottenburg) HRB 132839 B
www.BerlinStory.de, E-Mail: Service@BerlinStory.de
Umschlag und Satz: Norman Bösch

WWW.BERLINSTORY.DE

Constanze Manziarly – Hitlers letzte Diätköchin

INHALT

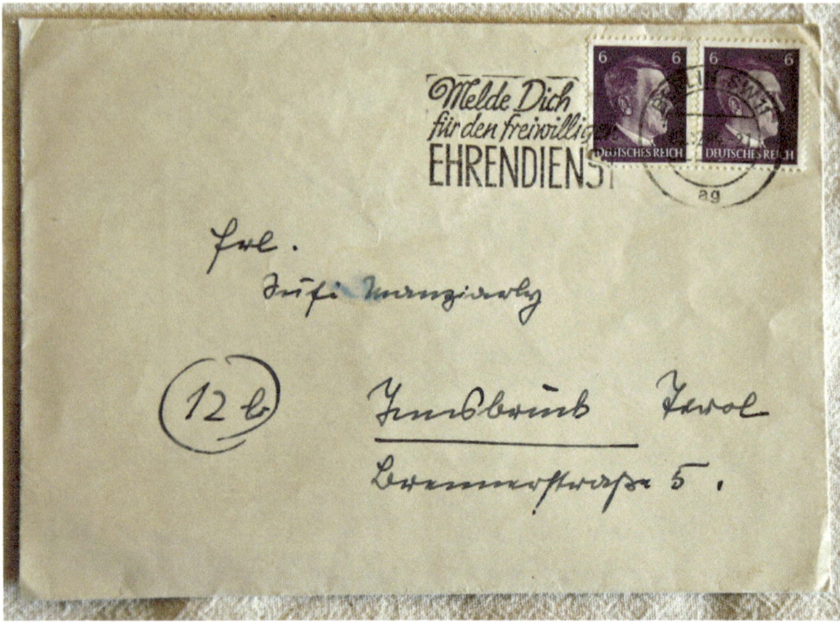

^ *Kuvert eines Briefes von Constanze Manziarly an ihre Schwester in Innsbruck vom Dezember 1944*

VORWORT

Noch ein Buch über Hitlers Hofstaat? Was ist interessant an Constanze Manziarly, Adolf Hitlers Diätköchin, und ihren Erlebnissen im Führerhauptquartier? Aufgrund der Briefe, die sie vom Obersalzberg, aus der Wolfsschanze und aus Berlin an ihre Familie geschrieben hat, wird man die Geschichte des Dritten Reichs nicht umschreiben müssen. Trotzdem sind sie eine außergewöhnliche und aufschlussreiche Quelle. Was diese Aufzeichnungen aus der Flut der Erinnerungsberichte über das Leben in Hitlers Macht- und Herrschaftszentrum abhebt, ist vor allem, dass sie Quellen im eigentlichen Sinn des Wortes sind. Es handelt sich eben nicht um Memoiren, die rückblickend, mit dem Wissen über den Ausgang der Ereignisse, geschrieben wurden und verzerrt sind vom Hang zur Rechtfertigung, von nachträglichen Interpretationen und Deutungen. Constanze Manziarly schrieb ihre Briefe für den Augenblick und nicht für die Nachwelt. So überrascht es nicht, dass ihr Blick im Vergleich zu den bekannten Erinnerungswerken oft nüchtern ist und keine theatralischen Enthüllungen bietet, wohl aber in scheinbar nebensächlichem Ton manches überraschende und bemerkenswerte Detail vermittelt. Was sie beobachtete und was sie bewegte, besticht mitunter gerade durch seine Schlichtheit und vermeintliche Banalität. Constanze Manziarlys authentische, zeitnahe und unsentimentale Innensicht vermittelt eine Ahnung von der Stimmung, der Atmosphäre und den Lebensbedingungen im Umfeld des Diktators, dessen Charakter seine ehemaligen engsten Mitarbeiter in ihren rückblickenden Schilderungen oftmals als eine Mischung von dämonisch und väterlich-fürsorglich dargestellt haben.

Ihr tragischer Tod, den sie mit größter Wahrscheinlichkeit am 2. Mai 1945, zwei Tage nach ihrem „Chef“, im umkämpften Berlin erlitt, nahm Constanze Manziarly die Möglichkeit, ihre Erinnerungen um und neu zu deuten und zu interpretieren. So sind ihre Briefe und die wenigen sonstigen Informationsbruchstücke, die auf anderem Weg, etwa telefonisch, zu ihrer Familie gelangten, in sich abgeschlossene, für sich stehende Quellen und enthüllen eine ebenso spannende wie tragische Geschichte. Dass Constanze Manziarly durch seltsam anmutende Zufälle und gegen ihren Willen für einige Monate zu einer „Nebendarstellerin der Weltgeschichte“ wurde, ist aber nur ein Teil dieser Geschichte. Ihr Leben steht in vieler Hinsicht exemplarisch für ihre Generation, für viele junge Menschen, die damals in den Strudel der dramatischen Ereignisse gerieten – manchmal unfreiwillig, oft genug aber auch willig, ja begeistert; und noch häufiger wohl, ohne sich allzu viele und in die Tiefe gehende Gedanken darüber zu machen, was um sie herum vorging und was mit ihnen und anderen geschah.

Constanze Manziarly, Jahrgang 1920, wurde von den Zeitereignissen wie viele ihrer Altersgenossen rücksichtslos aus ihren gewohnten Lebenszusammenhängen gerissen, ihre persönliche Lebensplanung war über Nacht hinfällig. Und wie viele Gleichaltrige bezahlte auch sie den Machthunger und Größenwahn Adolf Hitlers mit dem Leben. Sie gehörte einer Generation an, die einerseits zum Opfer wurde, der man andererseits aber kritische Fragen nicht ersparen kann. Einer Generation, die fanatische junge SS-Männer ebenso hervorbrachte wie Hans und Sophie Scholl – und Constanze Manziarly, die Diätköchin des „Führers".

Anstoß, mich mit dem Leben der jungen Tirolerin zu beschäftigen, gaben die Erinnerungen einer anderen jungen Frau, die fast gleich alt war wie Constanze, eine rangmäßig ähnliche Position in Hitlers Gefolge einnahm und wohl auch vom Denken und Fühlen her als so etwas wie Constanzes Alter Ego betrachtet werden kann: Hitler-Sekretärin Traudl Junge erwähnt in ihren Erinnerungen das „Fräulein Manziarly" als „die junge Innsbrucker Diätköchin, die eigentlich Lehrerin werden wollte und nur vorübergehend bei Hitler in Dienst getreten war".[1] Es weckte mein Interesse, hier von einer Frau zu lesen, die im Führerhauptquartier tätig gewesen war und aus derselben Gegend stammte wie ich. Ich wollte mehr über sie erfahren. Allerdings erwies sich das als schwieriger als gedacht. In der Literatur fand ich jeweils nur kurze Erwähnungen, wenige verstreute Bruchstücke über die Tirolerin in Hitlers Diensten; Bruchstücke, die noch dazu oft nicht recht

1 Junge/Müller, S. 164

zusammenpassten. Auch bei Traudl Junge, die Constanze mehrfach erwähnt, bleiben ihre Konturen als Person undeutlich, ja fast phantomhaft. Der Gedanke, in ihrer Heimatstadt Innsbruck vielleicht noch Spuren finden zu können, ließ mich nicht mehr los.

Ich begann die Recherche zögerlich, hatte dann aber unerwartet großes Glück, als es mir nicht nur gelang, Constanzes Schwester Susanne Schiessl (1918-2014) ausfindig zu machen, sondern auch das Vertrauen dieser beeindruckenden und bemerkenswert klar und kritisch denkenden alten Dame zu gewinnen. Sie stand mir trotz ihres hohen Alters nicht nur für mehrere Gespräche zur Verfügung, sondern gab mir auch Einblick in verschiedene Dokumente, darunter auch 18 Briefe, die Constanze aus Berchtesgaden bzw. aus den diversen Führerhauptquartieren an die Familie in Innsbruck geschrieben hat.[2] Auch zahlreiche Fotos wurden mir zur Verfügung gestellt. So war es möglich, ein Lebensbild von Constanze Manziarly zu zeichnen, das zwar nicht lückenlos ist, aber doch so interessant, dass es wert ist, ausführlich dargestellt zu werden.

Nach dem Tod von Susanne Schiessl fand ich bei ihrer Tochter Susanne Pasnocht, Constanzes Nichte, dasselbe Interesse und viel wohlwollende Unterstützung. Herzlichen Dank dafür.

Stefan Dietrich,
Mai 2020

2 Die Originale der Briefe und Dokumente, aus denen im Folgenden immer wieder zitiert wird, befinden sich im Besitz der Familie, Reproduktionen davon in der Sammlung des Autors.

DIE VORGESCHICHTE

Im Film *Der Untergang* von Bernd Eichinger aus dem Jahr 2004, der sich mit dem Ende Adolf Hitlers und des Dritten Reichs im Berliner Führerbunker beschäftigt, hat Constanze Manziarly, die Diätköchin des Diktators, ein halbes Dutzend kurzer Auftritte. Dargestellt von der Tiroler Schauspielerin Bettina Redlich, begegnen wir einer drallen, resoluten, manchmal mürrischen, manchmal verängstigten jungen Frau, die an eine Kellnerin des Münchner Oktoberfests erinnert: hausbacken und mit leicht vulgären Zügen. Man erkennt das Klischeebild der Tirolerin. Dem gegenübergestellt werden kann eine kurze authentische Szene aus dem Film, den Eva Braun am 3. Juni 1944 bei der Hochzeit ihrer Schwester Gretl mit dem SS-General Hermann Fegelein drehte. Die Sequenz, die wohl in der Küche des Kehlsteinhauses auf dem Obersalzberg entstand, zeigt die reale Constanze Manziarly – es sind die einzigen bewegten Bilder, die von ihr bekannt sind. In der kaum vier Sekunden langen Szene tritt uns eine völlig andere Person entgegen: eine hübsche, zierliche, freundlich lächelnde junge Frau, die trotz ihrer Küchenkleidung Eleganz ausstrahlt.

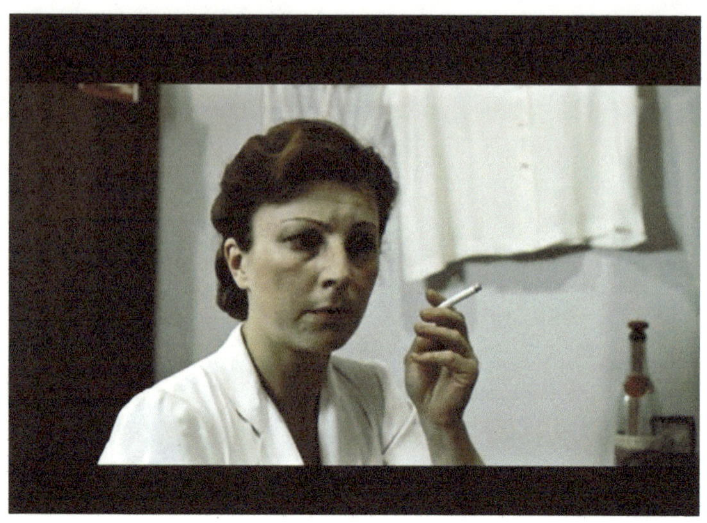

Dasselbe gilt für das letzte von ihr aufgenommene Foto, das sich im Besitz der Familie befindet. Dieses Bild, auf dem man die junge Frau aus dem Film Eva Brauns mühelos wiedererkennt, wurde laut ihrer Schwester Susanne 1943 in einem Fotoatelier in Berchtesgaden gemacht, als Constanze als Praktikantin im Kurheim Zabel arbeitete. Dieses Foto unterscheidet sich deutlich von einem von Hitlers Leibfotografen Heinrich Hoffmann aufgenommenen Bild, das bisher als Abbildung Constanze Manziarlys kursierte und nach wie vor im Internet zu finden ist. Zu sehen ist darauf eine junge Frau zusammen mit Arthur Kannenberg, dem Hausintendanten der Berliner Reichskanzlei. Schon die Datierung des Hoffmann-Bildes auf April 1943 lässt vermuten, dass hier ein Zuordnungsfehler vorliegt, denn zu diesem Zeitpunkt arbeitete Constanze noch als Hilfslehrerin in Innsbruck. Möglicherweise stellt das Foto Marlene von Exner dar, Constanzes Vorgängerin, von der noch die Rede

^ *Constanze Manziarly im Film „Der Untergang", dargestellt von Bettina Redlich*

sein wird. Diese Verwirrung ist nur eine von vielen Unklarheiten um die Innsbrucker Diätköchin und ebenso symptomatisch wie der geschilderte Gegensatz zwischen der realen Constanze und ihrer späteren Darstellung im Film. Beides begründet sich vor allem im bisherigen Mangel an zuverlässigen Quellen, die bis dato aus bruchstückhaften, zum Teil fehlerhaften Erwähnungen in der Erinnerungsliteratur bestanden, in der oft sogar ihr Name falsch geschrieben wird. Die Quellen, die diesem Buch zu-

^ *So sah Constanze tatsächlich aus: Standbild aus einem Film von Eva Braun vom Juni 1944 (oben) und ein Porträtfoto von 1943.*

grunde liegen, vor allem eine Sammlung von Briefen, zeichnen ein anderes Bild. Constanze Manziarly war kein tollpatschiges Mädchen vom Lande, sondern eine gebildete junge Frau aus bürgerlichem Milieu, eine talentierte Pianistin, sprach Englisch und Französisch und gehörte vermutlich zu den kultiviertesten Mitgliedern von Hitlers (bekanntlich nicht besonders intellektueller) Entourage.

Constanzes familiärer Hintergrund ist durchaus bemerkenswert. Allein das Leben ihrer Großmutter väterlicherseits könnte Stoff für Filmdrehbücher liefern. Die Mutter ihres Vaters, Anna Schönpflug, Freiin von Gamsenberg (1852-1937), stammte aus dem Landadel Österreich-Ungarns und dürfte im Wien des späten 19. Jahrhunderts als selbstbewusste junge Frau mit einnehmender Persönlichkeit und Ausstrahlung aufgefallen sein. Sie lernte einen rumänischen Fürsten kennen und folgte diesem in seine Heimat, das erst 1877 vom osmanischen Reich unabhängig gewordene Königreich Rumänien. Nach offizieller Familienchronik wurde sie dort seine Frau. Jüngere Familienmitglieder haben allerdings kein Problem damit, auch über die „inoffizielle“ Überlieferung zu dieser ungewöhnli-

^ *Constanzes Großmutter väterlicherseits, Anna Manziarly, geb. Schönpflug, Freiin von Gamsenberg (1852-1937)*

chen Verbindung zu berichten: Demnach war Anna die Geliebte des (möglicherweise verheirateten) Fürsten, wurde aber, um standesgemäß in den höheren Kreisen verkehren zu können, mit einem befreundeten Großgrundbesitzer, Konstantin Manziarly, verheiratet.

In den 1880er-Jahren lebte Anna Manziarly in Craiova in Rumänien und brachte drei Söhne des Fürsten zur Welt: Andreas (Constanzes Vater), Konstantin und Alexander. Die Kinder wurden nach griechisch-orthodoxem Ritus getauft und trugen den Familiennamen Manziarly. Die Herkunft dieses Namens konnte bisher nicht eindeutig geklärt werden. In österreichischen Zeitungen des 19. Jahrhunderts scheint er mehrfach in Wien und Umgebung sowie in Ungarn auf, dürfte aber weder ungarisch noch rumänisch sein. Denkbar sind Wurzeln im griechisch-byzantinischen Kulturkreis.

In den 1890er-Jahren verließ Anna Rumänien und kehrte mit ihren Söhnen nach Wien zurück, wo sie – offenbar mit den nötigen Mitteln dafür ausgestattet – ein Leben in gehobenen gesellschaftlichen Verhältnissen führte. Laut Familienüberlieferung kam Annas Ehemann Konstantin Manziarly 1907 bei Bauernaufständen in Rumänien ums Leben, angeblich ertrank er auf der Flucht in einem Fluss.

^ *Constanzes Vater Andrä Manziarly (Mitte) mit seinen Brüdern Konstantin und Alexander, Fotografie aus den 1890er-Jahren*

Die Söhne wuchsen in Wien heran, studierten und wurden, wie damals in der gehobenen Gesellschaft üblich, Reserveoffiziere der k. u. k. Armee. Dass sie der griechisch-orthodoxen Kirche angehörten, spielte in der multikulturellen Metropole des Vielvölkerstaats Österreich-Ungarn zweifellos keine Rolle. Der 1886 geborene Andreas (Andrä), der Vater Constanzes, studierte an der Hochschule für Bodenkultur in Wien, schloss das Studium mit dem Ingenieurtitel ab und wurde als Agrarfachmann in den Staatsdienst übernommen. 1911 heiratete er die Lehrertochter und Konzertpianistin Anna Hummel aus Baden bei Wien. Im Jahr 1913 übersiedelte das Ehepaar nach Innsbruck, wo Andrä Manziarly eine Stelle bei der Agrarbehörde des Landes Tirol antrat. Der Erste Weltkrieg griff dramatisch ins Leben der Familie ein: Bereits 1914 fielen Alexander und Konstantin Manziarly bei Kämpfen gegen die russische Armee in Galizien. Wahrscheinlich war der Verlust zweier Söhne der Familie der Grund, warum Andrä, obwohl ebenfalls Reserveoffizier, nicht zum Frontdienst eingezogen wurde. Er verbrachte offenbar den Großteil der Kriegsjahre in seiner Stellung als Beamter in Innsbruck. Im Jahr 1917 wurden Andrä und Anna Manziarly Eltern eines Sohnes, der jedoch nach wenigen Tagen starb. 1918 wurde die Tochter Susanne geboren, am 15. April 1920 kam Constanze zur Welt.

Als Musikliebhaber gaben die Eltern ihren Töchtern Namen von Frauenfiguren aus Mozart-Opern: Für Susanne stand *Die Hochzeit des Figaro* Pate, für Constanze *Die Entführung aus dem Serail*, vielleicht auch Mozarts Ehefrau. Constanzes Vorname soll angeblich Hitler, der sich für einen Musikkenner hielt,

beeindruckt haben. In ihren Erinnerungen erwähnt die Sekretärin Christa Schröder, dass ihr „Chef" einmal schwärmte: „Ich habe eine Köchin mit einem Mozartnamen!"[3]

Beide Töchter werden nach orthodoxem Ritus getauft. Dass Constanze der griechisch-orthodoxen Kirche angehört, dürfte zu der irrtümlichen Behauptung geführt haben, sie sei die Tochter „eines Griechen und einer Tirolerin". Diese falsche Behauptung zieht sich durch nahezu die gesamte Führerbunker-Literatur. Vielleicht kam irgendwann im Kollegenkreis ihre Konfession zur Sprache und das führte, zusammen mit dem exotisch klingenden Namen, zu der falschen Assoziation, ihr Vater sei Grieche. Tatsächlich waren beide Eltern österreichische Staatsbürger, der Vater in Wien aufgewachsen, die Mutter stammte aus Baden bei Wien.

3 Schröder/Joachimsthaler, S. 146

^ *Andrä Manziarly mit seinen Töchtern Constanze (l.) und Susanne, ca. 1930*

Im provinziellen Innsbruck der Nachkriegszeit führte die Familie ein beschauliches bürgerliches Leben. Die Auflösung der k. u. k. Monarchie, der Sturz des Kaisers und die Reduzierung Österreichs auf einen Kleinstaat mit republikanischer Staatsform und erheblichen wirtschaftlichen Problemen dürften zwar auch an den Manziarlys nicht spurlos vorübergegangen sein, doch lebte die Familie in materiell gesicherten Verhältnissen. Im Krisenjahr 1929 kaufte der Vater in der Tiroler Hauptstadt sogar eine ansehnliche Villa, die zum Familiensitz wurde. Von den Obstbäumen im großen Garten und den Problemen bei der Obsternte ist später in den Briefen Constanzes mehrfach die Rede.

Man legte Wert auf eine gediegene Ausbildung der Töchter. Beide besuchten nach der Volksschule die Frauenoberschule bei den Ursulinen in Innsbruck. Bei Constanze entdeckte man eine besondere musikalische Begabung, die die Eltern – die Mutter war Pianistin – nach Kräften förderten. Der Vater wird als

^ *Die Frauenoberschule bei den Ursulinen in Innsbruck, die Constanze und ihre Schwester besuchten*

streng und autoritär, mitunter despotisch beschrieben, wurde aber von seinen Töchtern, um deren Wohlergehen und Fortkommen er sichtlich besorgt war, sehr geliebt. Das beweisen nicht zuletzt auch Constanzes herzliche Briefe. Seine politische Haltung war laut der Aussage von Verwandten, seinem Milieu entsprechend, konservativ-monarchistisch.

Nach der Unterstufe der Frauenoberschule besuchte Constanze ab 1934 die Hauswirtschaftsschule an

^ *Die einstige „Höheren Staatslehranstalt für hauswirtschaftliche und gewerbliche Frauenberufe" in Innsbruck (Heute: Höhere Bundeslehranstalt für wirtschaftliche Berufe)*

der Höheren Staatslehranstalt für hauswirtschaftliche und gewerbliche Frauenberufe (die sogenannte „Ferrarischule") in Innsbruck. Zudem nahm sie Musikunterricht am Konservatorium der Stadt Innsbruck.[4]

1937 starb die Mutter Anna Manziarly fünzigjährig an Krebs. Nun kümmerten sich die Töchter um den Haushalt in der elterlichen Villa. Auch die Haushaltsführung ist ein Thema, das später in den Briefen immer wieder eine Rolle spielt.

Im März 1938 kam es zum „Anschluss" Österreichs an Hitler-Deutschland, der auch in Innsbruck völlig neue Verhältnisse schuf. Wie ein Schreiben der NS-Frauenschaft des Innsbrucker Stadtteils Wilten-Ost belegt, wurde Constanze Manziarly nach dem Machtwechsel Mitglied im Bund deutscher Mädel (BDM) und dann in die Jugendgruppe der NS-Frauenschaft „überstellt". Ihr Eintritt in den BDM ist nicht über-

4 Diese und weitere hier wiedergegebene Einzelheiten über den Ausbildungsweg gehen aus der Personalakte Constanze Manziarlys hervor, die sich im Archiv der Innsbrucker „Ferrarischule" befindet. Ergänzt wurden die Angaben von Constanzes Schwester Susanne Schiessl (1918-2014).

^ *Klassenraum der „Höheren Staatslehranstalt für hauswirtschaftliche und gewerbliche Frauenberufe" in Innsbruck, 1939*

raschend, herrschte doch seit 1936 Mitgliedspflicht in dieser NS-Jugendorganisation. Angesichts ihres ausgeprägten politischen Desinteresses, von dem noch die Rede sein wird, und des Fehlens jedes weiteren Hinweises auf eine aktive Betätigung in NS-Organisationen wird man wohl annehmen dürfen, dass es sich dabei nicht um den Ausdruck überzeugter An-

^ *Constanze Manziarly in Reichsarbeitsdienst-Uniform, 1939 oder 1940*

hängerschaft handelte, sondern eher um eine Loyalitätsgeste gegenüber dem herrschenden Regime – eine Mitgliedschaft, die man wählte, um in Ruhe gelassen und im Fortkommen nicht behindert zu werden. Im eben „angeschlossenen" Österreich fanden damals viele Menschen – auch jene, die keine fanatischen Anhänger der neuen Obrigkeit waren – rasch Wege, sich mit dieser zu arrangieren. Doch schon bald griffen die neuen Machthaber nachdrücklich in das Leben der inzwischen 19-jährigen Constanze ein. 1939 wurde sie zum Reichsarbeitsdienst einberufen. Diese vom Regime für alle jungen Erwachsenen eingeführte Dienstverpflichtung absolvierte sie vom Juli 1939 bis zum März 1940 auf einem Bauernhof im vierzig Kilometer von Innsbruck entfernten Barwies, einem Ortsteil der Landgemeinde Mieming. Dass dieser Einsatz für die klavierspielende und gebildete „höhere Tochter" aus dem städtischen Bildungsbürgertum nicht ganz einfach war, illustriert eine Begebenheit, die ihre Schwester Susanne erzählte: Als der Vater Constanze eines Tages in Barwies besuchte, traf er sie dabei an, wie sie sich abmühte, ein Ochsengespann samt Fuhrwerk über ein Feld zu führen. Nach der Unterbrechung durch den Reichsarbeitsdienst ging Constanze daran, ihre Ausbildung abzuschließen und hatte dabei ein klares Berufsziel vor Augen: Sie wollte Hauswirtschaftslehrerin werden. Dabei galt ihr besonderes Interesse der Ernährungslehre. Um diesen Berufswunsch zu verwirklichen, besuchte sie ab September 1940 die Staatliche Bildungsanstalt für Hauswirtschaftslehrerinnen in Innsbruck und schloss diese im Juni 1942 mit der Reifeprüfung ab, die sie mit Auszeichnung bestand. Der theoretischen Ausbildung

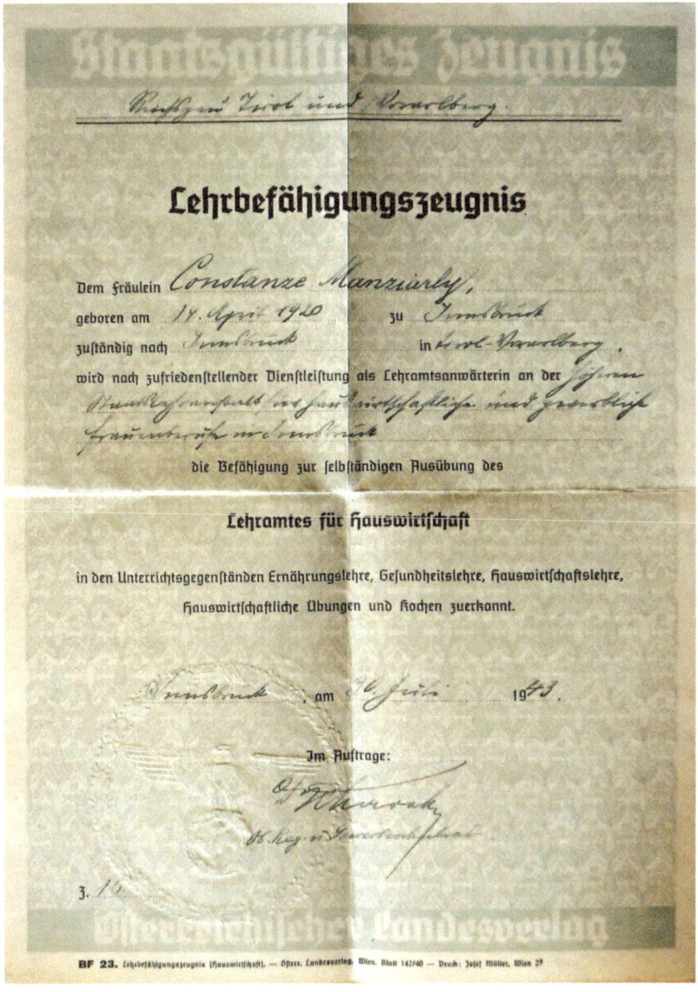

Staatsgültiges Zeugnis

Reichsgau Tirol und Vorarlberg.

Lehrbefähigungszeugnis

Dem Fräulein Constanze Manziarly,
geboren am 14. April 1920 zu Innsbruck
zuständig nach Innsbruck in Tirol-Vorarlberg,
wird nach zufriedenstellender Dienstleistung als Lehramtsanwärterin an der Höheren Staatslehranstalt für hauswirtschaftliche und gewerbliche Frauenberufe in Innsbruck
die Befähigung zur selbständigen Ausübung des

Lehramtes für Hauswirtschaft

in den Unterrichtsgegenständen Ernährungslehre, Gesundheitslehre, Hauswirtschaftslehre, Hauswirtschaftliche Übungen und Kochen zuerkannt.

Innsbruck, am 30. Juli 1943.

Im Auftrage:

3. 16.

Österreichischer Landesverlag

BF 23. Lehrbefähigungszeugnis (Hauswirtschaft). — Österr. Landesverlag, Wien.

folgte ein Jahr als Lehramtsanwärterin an der Innsbrucker Höheren Staatslehranstalt für hauswirtschaftliche und gewerbliche Frauenberufe, Abteilung Hauswirtschaftsschule – der „Ferrarischule“, an der sie wenige Jahre zuvor selbst Schülerin gewesen war. Bereits in der zweiten Hälfte des Probejahres wurde Constanze, wohl auch wegen des kriegsbedingten Lehrkräf-

^ *Lehrbefähigungszeugnis von Constanze Manziarly, ausgestellt am 30. Juli 1943* temangels, als Hilfslehrerin angestellt. Ein Schreiben der Direktion bestätigt, dass die Junglehrerin in diesem zweiten Halbjahr mit „Fleiß und Pflichtbewußtsein“ und „teilweise selbständig“ unterrichtet habe. Sogar das durchaus beachtliche Unterrichtspensum ist nachzulesen. Es bestand aus zwanzig Wochenstunden im Fach Kochen, weiter vier Stunden Hauswirtschaftliche Übung, drei Stunden Gesundheitslehre sowie je eine Stunde Haushaltungskunde, Ernährungslehre und Hauswirtschaftslehre.

Als das Schuljahr im Juli 1943 zu Ende ging, war nicht daran zu zweifeln, dass Constanze im Begriff war, eine erfolgreiche und engagierte Junglehrerin zu werden.

CONSTANZE WIRD HITLERS DIÄTKÖCHIN

Im Sommer 1943 kam es zur schicksalhaften Weichenstellung im Leben von Constanze Manziarly. Die 23-Jährige hatte bereits vor und nach der Ableistung des Arbeitsdienstes zusätzlich zu ihrer schulischen Ausbildung zeitlich befristete Berufspraktika absolviert. 1939 hatte sie drei Monate lang im Innsbrucker Hotel Kreid Erfahrungen in der Gastronomie gesammelt, 1940 eine Woche lang im NSV-Mütter- und Kinderheim in Igls bei Innsbruck gearbeitet. Nach den ersten erfolgreichen Gehversuchen als Lehrerin beschloss sie dann offenbar, sich noch Zusatzqualifikationen im Bereich Gesunde Ernährung und Diätologie anzueignen – ein Fachgebiet, das sie schon länger interessierte und auf dem sie sich spezialisieren wollte. Das wohl auf die Ausbildung anrechenbare Praktikum konnte sie im Biologischen Kurheim Zabel in Bischofswiesen bei Berchtesgaden antreten. Als Vermittler trat dabei ihr Vater auf, der dort bereits zur Kur gewesen war und den Leiter Dr. Werner Zabel kannte. Susanne Schiessl vermutete, dass ihre Schwester die halbjährige Praktikumstätigkeit ohne Bezahlung, nur für Kost und Logis leistete. Wie aus

Constanzes Briefen hervorgeht, wurde ihr als Gegenleistung zumindest in Aussicht gestellt, dass sie nach Abschluss des Praktikums selbst noch eine Kur in der Anstalt machen könne.

Prof. Werner Zabel (1894-1978), der eigentlich Facharzt für Augenheilkunde war, hatte sich auf Diäternährung spezialisiert und mehrere Fachbücher ver-

^ *Postkartenbild des Kurheims Zabel, ca. 1939*

fasst. Er genoss den Ruf eines Prominentenarztes und verfügte über gute Kontakte zur NS-Elite. Sein 1937 eröffnetes Privatsanatorium in Bischofswiesen war eine gefragte Einrichtung. Offenbar versuchte Zabel mit Nachdruck, sich als Autorität in Ernährungsfragen auch im Umkreis Adolf Hitlers zu positionieren, der auf dem nahegelegenen Obersalzberg residierte. Es gelang ihm aber nie, sich gegen Hitlers einflussreichen Leibarzt Dr. Theodor Morell durchzusetzen, der eifersüchtig über seine Pfründe wachte. Morell betrachtete sich selbst als Ernährungsexperten und vertrat zudem auf diesem Gebiet eine Richtung, die sich von der Zabels deutlich unterschied. Vom fachlichen und persönlichen Konflikt der beiden ist andeutungsweise auch in Constanzes Briefen die Rede. Morell, der Hitlers vorbehaltloses Vertrauen genoss, saß bei dieser Kraftprobe am längeren Hebel. Als Zabel 1943 selbstbewusst Diätempfehlungen für den „Führer" abgab, wurde dies von Morell mit Rückendeckung Hitlers abgeschmettert.[5] Zabel wurde trotz seiner intensiven Bemühungen nie von Hitler persönlich empfangen, aber zum Titularprofessor ernannt. Und er schaffte es immerhin, den Diktator – spätestens ab 1943 – mit Diätkost beliefern zu dürfen, wenn sich dieser auf dem Berghof aufhielt.[6]

Constanze Manziarly trat Anfang September 1943 ihren Dienst im Kurheim an und wurde gleich intensiv in den Betrieb eingespannt. In ihrem ersten Brief an die Familie vom 12. September 1943 berichtet sie:

Ab Freitag Morgen 6 h bin ich schon ganz normal im Betrieb eingesetzt. Jetzt bin ich für ein paar Wochen

5 Schenck, S. 246
6 Schenck, S. 61

bei der Rohkost eingesetzt, das ist nämlich das Wichtigste und Leichteste. Ich mach Müsli früh u. Abend selbständig und mach dann die Salate u. Säfte mit einer Angestellten zusammen. Das ist viel Arbeit und das Austeilen sehr schwierig, weil so viele Differenzierungen sind, „Extrawünsche".

Man verzählt sich furchtbar leicht, vor allem kenne ich die Abkürzungssprache auf den Kostplänen noch nicht. (Jeder Patient hat einen Plan.) Und wehe wenns nicht stimmt!

Zum Tagesablauf heißt es: Wir arbeiten von 6 - 7 h, dann Frühstück für uns, dann Arbeit bis ca. 3/4 1 h, dann selbst essen und noch Vorräte verräumen etc., um frühestens 1/2 2 liegt die Gatz im Bett. (Heut hab ich mich bezwungen und bin gleich nach Tisch nach Berchtesg., den Ort besichtigen. War noch nie da. Nichts Besonderes.) Dann noch Arbeit von 1/2 4 h - 3/4 7 h oder 7 h. Dann selbst essen und frei. Wird aber praktisch öfters später.

2 x in der Woche von 7 h - 8 h Fragenbeantwortung v. Zabel für die Patienten in der Halle. Die Angestellten dürfen sich ins Musizierzimmer setzen (komme dreckig u. abgehetzt in Küchenmontur hin, manchmal auch zu spät. Aber sehr interessant, hab's Freitag miterlebt).

In diesem und auch im nächsten Brief vom 16. September 1943 gibt es Schilderungen des Alltagsbetriebs; man erfährt, dass Constanze im „Jausendienst" eingeteilt war und als „Rohkostdame" einspringen musste, dass sie so gut wie keine Freizeit hatte und wenig Schlaf bekam.

Am oberen Rand des Briefes, offenbar zum Schluss noch hinzugefügt, findet sich eine Zeile, die ein Schlaglicht auf das Interesse – oder besser Desinteresse – Constanzes an den zu dieser Zeit nicht ganz undramatischen Kriegs- und Zeitereignisse wirft: *Politisch lebe ich hier am Mond, weder Radio noch Zeitung. Ist was Besonderes?*

Man fragt sich, ob es im Kurheim Zabel im Herbst 1943 tatsächlich so beschaulich war, dass man nichts von den politischen und militärischen Ereignissen mitbekam? Zu einer Zeit, als sich an der Ostfront das Kriegsgeschehen endgültig gegen Hitler-Deutschland wandte, als in Italien Mussolini gestürzt wurde und die Westalliierten massive Luftangriffe auf deutsche Großstädte flogen? Oder ist die beiläufige Frage *Ist was Besonderes?* vor allem auf die Fähigkeit Constanzes zurückzuführen, diese belastenden Dinge lieber zu verdrängen?

Wie auch immer – wenig später nahm eine seltsam zufällige, aber schicksalshafte Verkettung von Ereignissen ihren Lauf, die dazu führte, dass die Constanze Manziarly in die wichtigste Schaltstelle des mörderischen Geschehenes katapultiert wurde, das sie zu ignorieren versucht hatte.

Bereits vor dem Katastrophensommer 1943 hatten die militärischen Ereignisse dieses Jahres, das mit der Niederlage von Stalingrad begann, dem „obersten Kriegsherrn“ Adolf Hitler auf den Magen geschlagen. Der „Führer“ litt immer öfter an Verdauungsproblemen und Lebensmittelunverträglichkeiten, die auch Dr. Morell nicht in den Griff bekam. Schon zuvor waren Hitlers Ernährungsgewohnheiten nicht unproblematisch gewesen. In den ersten Kriegsjahren sorgte unter anderem der Koch Otto Günther für die Mahlzeiten im Führerhauptquartier. Dabei musste, was Hitler betraf, darauf Rücksicht genommen werden, dass dieser seit Anfang der Dreißigerjahre Vegetarier und alkoholabstinent war. Die Bediensteten und Mitarbeiter seiner Umgebung aßen dennoch „gutbürgerlich“ und tranken auch Alkohol. Otto Günther versorgte Hitler, wenn dieser in Berlin oder mit seinem Sonderzug unterwegs war. Wenn er sich auf dem Obersalzberg aufhielt, wurden die Speisen für den „Führer“ jedoch im Kurheim Zabel zubereitet und zum Berghof geliefert, wo sie dann aufgewärmt auf den Tisch kamen. Mit den zunehmenden gesundheitlichen Problemen des Diktators gewann die Diätkost für seine Ernährung immer mehr an Bedeutung. Ein erhalten gebliebener Speiseplan Hitlers vom 4. Juni 1943 listet folgende Gerichte und Getränke auf:

Mittags: Kirschensaft mit Leinsamenschrot, Gerstenschleimsuppe, Tomatentörtchen, gedünstete Karotten, Kartoffelbrei.

Abends: Gerstenauflauf, Kaperntunke, Knäckebrot mit Butter, Eigelbpastete, Diätkäse mit Paprika.[7]

Im April 1943 traf der „Führer“ in Salzburg mit dem verbündeten rumänischen Diktator Ion Antonescu zusammen. Offenbar kamen die beiden dabei auch auf ihre Gesundheitsprobleme zu sprechen. Antonescu berichtete, dass auch er unter Magen- und Verdauungsstörungen gelitten habe, doch jetzt dank der Diätassistentin Marlene von Exner vollkommen geheilt sei. Hitler ließ sofort mit der 25-jahrigen Wienerin Kontakt aufnehmen, die auch prompt im Juli 1943 in seine Dienste trat. Marlene von Exner war Hitlers erste persönliche Diätköchin und -beraterin und arbeitete zur vollen Zufriedenheit ihres Chefs. Sekretärin

7 Möller (3. Auflage), S. 64. Die allgemeinen Angaben über Hitlers Ernährungsgewohnheiten wurden verschiedenen einschlägigen Werken, vor allem Schenck, entnommen.

Christa Schröder schreibt darüber: „Im Führerhauptquartier wurde eine kleine Diätküche eingerichtet und Frau von Exner kochte mit Bedacht all das, was Hitler bekömmlich war. Hitler lobte begeistert die Vielseitigkeit der Gerichte, besonders schwärmte er von den Wiener Süßspeisen und dem herrlichen Apfelstrudel, der auch uns vorzüglich schmeckte.“[8]

Marlene von Exner fand mit ihrer temperamentvollen und charmanten Art bald auch auf der persönlichen Ebene Zugang zum engsten Kreis der Hitler-Vertrauten und nahm auch an den regelmäßigen abendlichen Teestunden teil. Trotzdem beendete nach einigen Monaten ein Ereignis ihre Karriere, das man trotz des ernsten Hintergrundes fast schon als Tragikomödie bezeichnen muss. Anfang 1944 planten die junge Frau und ein SS-Adjutant aus dem Gefolge des „Führers“ zu heiraten. Dazu musste von Exner ihre „arische Abstammung“ nachweisen, was zu ihrem Entsetzen nicht gelang. Nachforschungen ergaben, dass die Abstammung ihrer Großmutter fraglich und womöglich „jüdisches Blut“ in dieser Linie vorhanden sei. Zeitzeugen, die über diese Affäre berichteten, vermuteten, dass dahinter eine Intrige des Hitler-Sekretärs Martin Bormann stand, der rigoros gegen alle vorzugehen pflegte, die sich, wie es offenbar Marlene von Exner getan hatte, seinem Willen nicht beugten. Fest steht, dass diese Vorgänge dazu führten, dass sich Hitler – angeblich mit Bedauern – von seiner Diätassistentin trennte. Laut Traudl Junge, einer seiner Sekretärinnen, sagte er zu Marlene von Exner, es tue ihm außerordentlich leid um sie, aber es sei ihm unmöglich, eine Ausnahme

8 Schröder/Joachimsthaler, S. 145

zu machen und damit gegen die von ihm erlassenen Gesetze zu verstoßen. Er stellte ihr und ihrer Familie aber eine „Arisierung" in Aussicht. Diese amtlich verfügte „Reinwaschung" wurde, nachdem sie angeblich zunächst von Bormann hintertrieben worden war, im März 1945 vollzogen. Man darf annehmen, dass die Diätexpertin zu diesem Zeitpunkt daran keine große Freude gehabt haben wird, da bereits wenige Wochen später ihre Heimatstadt Wien, in die sie zurückgekehrt war, in der Hand der Roten Armee war.[9]

Offiziell endete das Dienstverhältnis von Marlene von Exner am 8. Mai 1944, doch hatte sie ihre Tätigkeit bereits früher eingestellt. So war Hitler, als er mit seinem Stab Ende Februar vom Führerhauptquartier Wolfsschanze in Ostpreußen auf den Obersalzberg übersiedelte, ohne eigene Diätköchin. Dadurch kamen erneut das Kurheim Zabel und seine Spezialkost ins Spiel.

Dort war noch immer Constanze Manziarly, kurz vor dem Ende ihres Praktikums, im Einsatz. Und ausgerechnet sie wurde von Werner Zabel dazu ausersehen, die in der Küche des Sanatoriums unter ihrer maßgeblichen Beteiligung vorbereitete Diätkost für den „Führer" auf den Berghof zu bringen und dort servierfertig zu machen. Dass Constanze für diese Aufgabe ausgewählt wurde, spricht natürlich dafür, dass Zabel ihrer Zuverlässigkeit und ihren Fachkenntnissen großes Vertrauen entgegenbrachte. Ihre Schwester Susanne vermutete, dass noch ein anderer Grund eine Rolle spielte: Wahrscheinlich wollte der sparsame Sanatoriumsbetreiber für diese Arbeit, die

9 Über Marlene von Exner und ihr Schicksal berichten u. a. Junge/Müller (124ff. und 131ff.), Schenck (61ff.) und Schröder/Joachimsthaler (145f)

täglich mehrere Stunden in Anspruch nahm, statt einer teuren Fachkraft lieber die günstigere Praktikantin einsetzen.

Constanze enttäuschte das Vertrauen Zabels nicht. Sie muss die Versorgung des „Führers" mit den Diätmahlzeiten zu dessen voller Zufriedenheit erledigt haben. Unter welchen Rahmenbedingungen und mit welchen widerstrebenden Gefühlen das geschah, geht aus einem Brief hervor, den sie am 3. April 1944 an Vater und Schwester schrieb:

Die heutige Mittagspause will ich benutzen, um mein Herz auszuschütten. Es ist so ähnlich gekommen, wie ich in der letzten Woche schon immer vermutet, aber doch nicht geglaubt habe: Von „oben" ging an Prof. Z. u. mich die Bestimmung, ich habe so lange zu bleiben und den Dienst, von dem du weißt, zu versehen, solange Er da ist. Das können 14 Tage sein, oder ein paar Monate, oder 1/2 Jahr, das weiß niemand.

Jeder Widerspruch völlig zwecklos u. ich würde mich höchstens vor Gericht bringen. Sollte es länger als bis

^ *Der Berghof auf dem Obersalzberg (rechts oben), im Vordergrund die Haupteinfahrt, 1933*

zum Herbst dauern, was ich nicht annehmen will, so wird die Sache mit der Schulbehörde von oben aus geregelt. D. h. einfach dort bekannt gegeben, daß ich für andere Dienste gebraucht werde u. die Schulbehörde nicht mehr mit mir zu rechnen hat.

Nun bleibt natürlich gar nichts übrig, als sich damit abzufinden, leicht fällt mir das nicht: Schließlich hat doch jeder Mensch seine Pläne, und ich habe mich schon so auf den Schluß gefreut!

Auch was sie zu tun hatte beziehungsweise wie ihr Einsatz ablief, beschreibt sie in diesem Brief:

Für die Zeit, die ich noch hier bin, bekomme ich auch keine freien Tage, so wie alle anderen oben auch nicht, und mag es auch lange dauern. Dafür habe ich natürlich nichts anderes zu tun, ich meine herunten im Betrieb. Ich komme jeden Vormittag in die Küche, bereite mir alles vor (was ca 2 - 3 h in Anspruch nimmt (oben Aufenthalt 3 - 4 Stunden), fahre hinauf, u. abends ebenso. Vor der Zwischenzeit viel Kopfzerbrechen für Vorschläge.

Was mich ganz mürbe macht, ist die ungeheure Last der Verantwortung, die ich damit zu tragen habe. Man stößt auf ungeahnte Schwierigkeiten, die ich nicht berichten kann. Immer m. 1 Fuß im Grabe, nicht übertrieben!

Diese Zeilen mit ihrem beinahe verzweifelten Unterton sind aufschlussreich. Sie zeigen, dass Constanze offenbar gehofft hatte, ihr Praktikum Ende März wie geplant beenden und nach Tirol zurückkehren zu können. Doch es wurde angeordnet, dass sie ihren Dienst weiter zu versehen habe. Unüberhörbar ist, dass dabei Druck ausgeübt wurde und dass sie sich der ungewöhnlichen Aufgabe – vor allem aufgrund der psychischen Belastungen – nicht gewachsen fühlte. Noch hatte sie aber Hoffnung, dass ihr Einsatz auf dem Berghof zeitlich befristet sein würde und sie, wenn auch verspätet, ihre Lehrerinnenstelle in Innsbruck antreten könne.

Es ist anzunehmen, dass der Druck vor allem von dem für das Personal des Berghofs zuständigen und als rücksichtslos bekannten „Führer"-Sekretär Martin Bormann ausging. Neben Drohungen *(Jeder Widerspruch … würde mich höchstens vor Gericht bringen)* wurde dabei zweifellos auch moralisch an sie appelliert. Gegen Ende von Constanzes Brief heißt es:

Es wird mir immer gesprochen von dem ehrenvollen Auftrag, um den 1000ende mich beneiden. Ach, wüßten die, was alles dahintersteht! Wie gerne würde ich es in die Hände einer erfahrenen Person legen, die da besser am Platze wäre, und dafür meinen Seelenfrieden haben.

Dass man mit Nachdruck auf Constanzes Dienste bestand und sie angesichts ihrer besonderen Situation nicht einfach durch eine andere, vielleicht sogar erfahrenere und vollständig ausgebildete Fachkraft ersetzt wurde, kann nur bedeuten, dass Hitler selbst mit ihrer Arbeit und ihrer Person überaus zufrieden war. Er schien in kurzer Zeit zu der Überzeugung gelangt zu sein, dass die Tirolerin die optimale Nachfolgerin von Marlene von Exner und seine Ernährung bei ihr in guten Händen wäre.

So war der nächste Schritt nur konsequent: Man suchte eine Dauerlösung und Constanze sollte als festes Mitglied des „Führer"-Haushalts engagiert werden. Wann und wie das genau erfolgte, ist nicht ganz klar, da nach dem 3. April 1944 in Constanzes Briefserie eine sechswöchige Lücke besteht und auch sonst keine genauen Informationen zu dieser Zeit vorliegen. Im nächsten erhaltenen Brief vom 15. Juni 1944 teilte Constanze ihrem Vater mit, dass sie nicht mehr bei Zabel beschäftigt sei, und gab als Adresse eine Feldpostnummer an. Sie wurde also dienstverpflichtet und gehörte bereits offiziell zum Personal des Führerhauptquartiers. Fraglos wurde ihr das Angebot vom „Sekretär des Führers" Martin Bormann unterbreitet – und dieser dürfte nicht viel Zeit darauf verschwendet haben, sie zu überzeugen. Die einzige externe Erwähnung der Vorgänge um Constanzes Festanstellung beziehungsweise Dienstverpflichtung findet sich in den Erinnerungen von Christa Schröder. Bei der Datierung „Anfang Juli 1944" dürfte es sich um einen Irrtum handeln, wie er in der Memoirenliteratur häufig vorkommt, dennoch ist Schröders Bericht interessant: „Während Hitlers Aufenthalt auf dem Berg wurde seine Diät nach dem Schweizer Bircher-Brenner im Sanatorium von Prof. Zabel in Bischofswiesen bei Berchtesgaden von der jungen Tirolerin Constanze Manziarly … zubereitet und im Auto nach oben auf den Berg geholt. Kurz vor der Rückkehr in das FHQ nach Rastenburg Anfang Juli 1944 stellte man Fräulein Manziarly die Frage, ob sie bereit sei, als Diätassistentin dorthin mitzukommen. Sie fragte mich, da ich zu jener Zeit gerade meine Kur im Sanatorium Zabel absolvierte, um Rat. Leider riet ich ihr zu und so geschah es, daß dieses schöne, hochgewachsene, dunkelhaarige junge Mädchen, nebenbei übrigens eine begabte Pianistin, 1944 als Diätassistentin zu Hitler kam."

Das Bedauern der Sekretärin bezieht sich darauf, dass Constanze den Dienst bei Hitler mit dem Leben bezahlte. Nüchtern betrachtet, darf man aber annehmen, dass Christa Schröders Selbstvorwürfe unnötig waren. Vielmehr muss man davon ausgehen, dass Constanze hier ohnehin keinen großen Spielraum hatte: Nach allem, was über die Gepflogenheiten Martin Bormanns bei der Personalführung bekannt ist, wurde ihr vermutlich – frei nach Francis Ford Coppolas *Der Pate* – „ein Angebot gemacht, das sie nicht ablehnen konnte". Im bereits erwähnten Brief vom 15. Juni 1944 klingt durch, dass Constanze sich in das Unvermeidliche fügte, aber auch, dass sie die Hoffnung noch nicht aufgegeben hatte, in absehbarer Zeit ihren Lehrerinnenberuf doch wieder ausüben zu können. Sie berichtet von diesbezüglichen Dispositionen und bittet den Vater, mit der angesichts ihrer neuen Beschäftigung nötigen Diskretion beim Direktor vorzusprechen:

In der nächsten Zeit wird sich höchstwahrscheinlich Hofrat Marek an dich wenden. Ich habe ihm heute geschrieben und gebeten, er möchte sich Auskunft über meine derzeit. Beschäftigung bei dir holen. (Persönlich, nicht am Telefon.) Ein Doppel mit dem Wichtigsten des Briefes, den ich an ihn schrieb, lege ich dir bei, damit du auch im Bilde bist. Sage, daß ich oben arbeite, persönl. Diät d. F. (...) Ich unterstehe den höchsten Instanzen. Aus dem Inhalt des Briefes an H. Hofrat entnimmst du, daß ich endgültig entschlossen und gewillt bin, Hausw.-Lehrerin zu werden. (...) Ich glaube, daß es im Augenblick das Gescheiteste ist. Über das Wie und Wo nehme ich bei Marek Fühlung. Ich hoffe, daß ich das diplomatisch deichseln werde.

Die Illusion, dass ihre Dienstverpflichtung nur befristet sein würde und sie wieder nach Innsbruck

zurückkehren könne, begleitete Constanze Manziarly noch eine ganze Weile. Am 17. Juli 1944 – inzwischen arbeitete sie im Führerhauptquartier Wolfsschanze – schrieb sie an ihre Schwester:

Ich habe nun erfahren, daß meine Nachfolgerin bereits bei Z. eingeschult wird u. mich in wenigen Wochen ablösen wird. Dann fahre ich zurück nach B. u. mache, wenn möglich, die Kur.

Erst einige Tage später erhielt sie Gewissheit, dass sie in absehbarer Zeit nicht mehr aus ihrer ungeliebten Anstellung herauskommen würde. Am 27. Juli 1944 schrieb Constanze nach Hause:

Jetzt hat sich endgültig entschieden, daß ich hier bleibe, der Führer hat es selbst so gewünscht, und somit sind alle anderen Erwägungen unmaßgeblich geworden. Ihr glaubt gar nicht, wie schwer es mir fällt, Euch dies zu schreiben, daß ich in der nächsten Zeit nicht komme.

Wohl in der Absicht, nicht nur Vater und Schwester, sondern auch sich selbst zu beruhigen schreibt sie weiter: *Ihr müßt aber bitte immer daran denken, daß meine Aufgabe eine der ehrendsten, aber auch eine der*

^ *Hitlers Berghof auf dem Obersalzberg, 1939*

schwersten ist, ich habe dauernd eine riesige Verantwortung auf mir, und wenn ich weiß, daß Ihr euch gut mit dieser Änderung abfindet, so könnt Ihr mir vieles erleichtern.

Die beabsichtigte positive Sicht auf die Entwicklung gelang ihr selbst nicht ganz, in den Sätzen klingt Ratlosigkeit und Frustration durch. Constanze wird sich gefragt haben, wie sie durch eine Reihe von Zufällen und Fügungen, sozusagen über Nacht, in diese exponierte und Angst einflößende Position hatte geraten können. Ihren Angehörigen wird es ähnlich ergangen sein. Vielleicht ließ sie sich etwas davon trösten, dass sie in der neuen Stellung gut verdiente. Im August schreibt sie im Zusammenhang mit dem Kauf eines Kleides: *Ich bin ja ein Krösus*, und einen Monat später: *Ich verdiene hier viel, verbrauche aber auch viel Geld.* Wie viel sie genau verdiente, ist nirgends erwähnt. Aber einen Anhaltspunkt mag das Gehalt ihrer Vorgängerin Marlene von Exner liefern, das 800 Reichsmark im Monat betrug.[10] Zum Vergleich: Eine Grundschullehrerin verdiente zu dieser Zeit etwa 250 Reichsmark.

Informationen darüber, wie sich das Zustandekommen des Dienstverhältnisses von offizieller Seite her darstellte, sind nicht bekannt. Geeignetes Personal zu finden und anzustellen war für Bormann sicher eine Routineangelegenheit, wenn er auch nicht jeden Tag jemand in Dienst nahm, der in einem so intimen Bereich in Hitlers unmittelbarer Nähe zum Einsatz kam. Vor diesem Hintergrund erscheint die Frage interessant, wie weit die für das leibliche Wohl des „Führers“

10 Neumann/Eberle, S. 199

zuständige neue Mitarbeiterin bei ihrem Eintritt in den innersten Zirkel der Macht überprüft und durchleuchtet wurde. Waren ihre politische Zuverlässigkeit, ihre Abstammung und familiäre Herkunft ein Thema? Im Bundesarchiv in Berlin, das Aktenmaterial aus der Reichskanzlei verwahrt, ist laut Auskunft keine Personalakte oder ähnliches über Constanze Manziarly vorhanden. So kann nur gemutmaßt werden. Schaut man in Memoirenliteratur, entsteht – etwa bei Traudl Junge – der Eindruck, dass Sicherheitsfragen beim Personal, zumindest vor dem Attentat vom 20. Juli, eher locker gehandhabt wurden. Der Hitler-Leibwächter und spätere Cheftelefonist im Führerbunker, Rochus Misch, berichtet, dass er, als eine Anforderung für das Führerhauptquartier an seine SS-Einheit, die „Leibstandarte Adolf Hitler", erging, ohne weitere Überprüfung von seinem Kompaniechef ausgewählt wurde. Angeblich war die einzige Einstellungsbedingung der Vorgesetzten, dass man jemanden haben wollte, der zuverlässig war und „keinen Ärger macht".[11] Es erscheint auch bemerkenswert, dass Marlene von Exners „nichtarische" Abstammung erst ans Tageslicht kam, als sie für die Heirat mit einem SS-Offizier die nötigen Nachweise benötigte. Beim Eintritt ins Führerhauptquartier waren diese also nicht verlangt worden.

Andererseits ist es schwer vorstellbar, dass der für die Bewachung und Abschirmung des „Führers" zuständige Reichssicherheitsdienst keine Überprüfungen vorgenommen haben soll und nicht wissen wollte, wer die Personen waren, die täglich mit Hitler in engem Kontakt standen – im Falle Constanze Man-

11 Misch, S. 62

ziarlys gerade in einem so sensiblen Bereich wie der Ernährung.

Absolute politische Linientreue oder gar Parteizugehörigkeit war aber offenbar keine Bedingung, um ins Personal des „Führer"-Haushalts aufgenommen zu werden. Zweifellos wurde eine Grundloyalität vorausgesetzt. Aber man darf wohl vermuten, dass ein Machtwort Hitlers genügte, wenn er von einem neuen Mitarbeiter oder einer neuen Mitarbeiterin überzeugt war und diese für vertrauenswürdig hielt.

Ganz sicher wurde Constanze aber, wie alle Bediensteten, auf strikte Verschwiegenheit und Diskretion eingeschworen. Das geht allein schon aus mancher Umschreibung und vorsichtiger Andeutung in ihren Briefen hervor. Ein- und ausgehende Post des Personals war der Zensur und Kontrolle unterworfen – was bei der Beurteilung und Auswertung dieser Schriftstücke bedacht werden muss. Schon zu Beginn ihrer Tätigkeit auf dem Berghof warnte Constanze Manziarly ihre Angehörigen: *Beim Schreiben bitte Vorsicht. Keine Kritik, Post wird laufend kontrolliert.* Und am 19. September 1944 schrieb sie aus der Wolfsschanze: *Die Post wird schon kontrolliert, wenn man es auch nicht sieht an den Briefen.*

Bei der Postkontrolle ging es aber wohl hauptsächlich darum, aus nachvollziehbaren Sicherheitsüberlegungen den jeweiligen Aufenthaltsort Hitlers unter allen Umständen geheim zu halten. An Constanze gerichtete Briefe mussten etwa – wie bei Militärangehörigen – mit einer Feldpostnummer versehen an die „Adjutantur des Führers" in Berlin geschickt werden, von wo aus sie an den gerade aktuellen Einsatzort weitergeleitet wurden. Um ihren Angehörigen dennoch über ihre Aufenthaltsorte Bescheid geben zu können, entwickelte Constanze später eigene „Tarnbezeichnungen“. Am 29. Oktober 1944 schreibt sie aus dem Führerhauptquartier Wolfsschanze in Ostpreußen, wo sie sich seit Juli aufhielt:

Damit wir uns leichter verständigen können, werde ich in meinen Briefen meinen jetzigen Aufenthaltsort als „Sanatorium“ bezeichnen, den „Berg“ als Kurheim, Berlin als Erholungsheim. Anstatt Chef schreibe ich Oberarzt.

Dass sie diese Synonyme überhaupt per Brief weitergeben konnte, war nur möglich, weil es ihr gelang, diesen einen Brief an der Zensur vorbeizuschmuggeln: *Heute fährt jemand nach Berlin, der mir diesen Brief mitnimmt u. dort aufgibt. Da kann ich etwas freier schreiben*, heißt es. Auch das war also möglich.

Dass die Geheimhaltung dennoch ein wichtiges Thema war, geht aus einem von Constanzes letzten Briefen hervor. Am 1. Dezember 1944, einige Tage, nachdem Hitler mit seinem Tross von der Wolfsschanze in die Reichskanzlei in Berlin zurückgekehrt war, schreibt sie (unter Verwendung des vereinbarten Codeworts) an die Schwester: … *bin ich wieder in B. im Erholungsheim, aber zu keinem Menschen ein Wort über meinen jeweiligen Aufenthalt. Denn wenn jemand weiß, was f. 1 Betätigung ich habe, so zieht er aus meinem Aufenthalt Schlüsse auf den Aufenthalt meines Chefs. Bitte denkt daran.*

Gab es außer der Verpflichtung zur Verschwiegenheit Unterweisungen und Einführungen? Wurden neue Mitarbeiterinnen auf die Ziele des Regimes eingeschworen, zu Opfermut, höchstem Einsatz und dergleichen aufgerufen? Gab es eine Vereidigung mit Treueschwur? Traudl Junge, die, was Alter, Stellung und Herkunft betrifft, so etwas wie das Alter Ego von Constanze Manziarly war, verneint dies in ihren Erinnerungen. Dafür schildert sie eine bemerkenswerte Einführung, die sie von Hitler persönlich erhielt. Diese Unterweisung wirft ein bezeichnendes Licht auf den Diktator, der sein ganzes politisches Leben lang weder Hemmungen hatte, Regeln zu brechen, die ihm im Weg standen, noch Grund- und Menschenrechte zu missachten. Im persönlichen Umfeld hielt er jedoch offenbar (klein-)bürgerliche Wertvorstellungen hoch. Traudl Junge schildert eine Einführung, die sich bei Constanze ebenso hätte abspielen können oder vielleicht sogar abgespielt hat: „Damit war die Unterhaltung noch nicht beendet. Hitler machte alle Anstalten, noch etwas zu sagen, und es schien, als ob er nach den richtigen Worten suchte. Schließlich erklärte er mir lächelnd und fast ein bisschen unbeholfen, ich sei doch noch ziemlich jung, und es seien so viele Männer hier, die meisten kämen nur sehr selten nach Hause, na ja, und der Zug zum ewig Weiblichen sei bei den Soldaten besonders stark, kurzum, ich sollte ein bisschen vorsichtig und zurückhaltend sein. Und wenn ich irgendwelche Klagen hätte, dass irgendjemand mich belästige, ganz gleich wer, sollte ich jederzeit zu ihm kommen. So, nun hatte ich meine Vereidigung!“[12]

Auf der Weltbühne ein stahlharter Despot und Kriegsherr, im häuslichen Umfeld seiner „Ersatzfamilie“ ein sich väterlicher gebender, gouvernantenhafter Wächter über die Tugend seiner Mitarbeiterinnen – man kann bei dieser Schilderung die Überraschung der Sekretärin deutlich spüren.

12 Junge/Müller, S. 46

AUF DEM BERGHOF

Constanze Manziarlys Wirkungsstätte war seit dem Frühjahr 1944 der Obersalzberg oberhalb von Berchtesgaden. Zu dieser Zeit, in der Phase des „totalen Kriegs“, war dieser „mythische Ort“, zu dem ihn die NS-Propaganda gemacht hatte, ein streng abgeschirmtes, viele Hektar großes Areal mit Dutzenden Gebäuden und mehreren tausend Bewohnern. Er diente, obwohl eigentlich ein Feriensitz, als Führerhauptquartier und quasi zweiter Regierungssitz des

^ *Hitler beim Lesen im Haus Wachenfeld, 1936*

Dritten Reichs mit allen dazu nötigen Einrichtungen. Das Zentrum des Komplexes in der idyllischen Bergwelt an der bayerisch-österreichischen Grenze bildete der Berghof. Hitler war in den 1920-er Jahren erstmals in dem ehemaligen Sommerhaus einer Fabrikantenfamilie gewesen, hatte es später erworben und nach der Machtergreifung 1933 zu einem repräsentativen Ansitz ausbauen lassen. Trotz mondäner und luxuriöser Züge umgab das Haus auch die Atmosphäre jener spießigen Kleinbürgerlichkeit, die für Hitlers Lebensstil typisch war. Umgeben war der Berghof von Verwaltungsgebäuden, Wohn- und Gästehäusern, Kasernen für die Wachmannschaften und nicht zuletzt von großzügig ausgestatteten Ferienhäusern

^ *Berghof, Große Halle, Sitzgruppe vor dem Kamin (o.), Kasernen von Hitlers SS-Leibwachen auf dem Obersalzberg, 1939 (u.)*

einiger führender Gefolgsleute Hitlers, allen voran Sekretär Martin Bormann, der auch Herr über die Verwaltung des Obersalzbergs war. Über Jahre hatte Bormann den Ausbau des Areals vorangetrieben und dabei Schritt für Schritt die ursprünglichen Bewohner des einstigen bäuerlich und touristisch geprägten Dorfes – teils mit Druck und Drohungen – zum Verkauf ihrer Häuser und Grundstücke gedrängt. Die Bauprojekte hatten im Lauf der Zeit viele Millionen Reichsmark verschlungen. Als Inbegriff des dabei an den Tag gelegten Größenwahns gilt das Haus auf dem 1834 Meter hohen Gipfel des einige Kilometer entfernten Kehlsteins, zu dem mit gigantischem Aufwand eine eigene Straße hatte gebaut werden müssen. Der Obersalzberg und der Berghof waren Teil der Propaganda um Hitler und wurden von dieser zum nationalsozialistischen Sehnsuchtsort stilisiert. In der *Dokumentation Obersalzberg* heißt es dazu: „Hier konnte Hitler auch vor majestätischer Bergkulisse als ein den Niederungen des Alltags entrückter Visionär

^ *Hitler in Zivilkleidung auf seinem Schreibtisch sitzend, 1936*

dargestellt werden. Gleichzeitig und vor allem fügte der Obersalzberg dem Bild des genialen ‚Führers' gemüthafte Werte hinzu. Der Kult lüftete zum Schein den Schleier von Hitlers Privatleben und zeigte ihn hier als den einfachen Mann aus dem Volk, als Kinder-, Tier- und Naturfreund, als guten Nachbarn, kurz als normalen, herzensguten Menschen, dem man blind vertrauen konnte."[13]

Dieses Propagandabild war bereits in den Jahren vor Kriegsbeginn, als noch Prozessionen von gläubigen „Volksgenossen" auf den Obersalzberg pilgerten, mehr als fraglich und wurde es erst recht, als Constanze Manziarly im fünften Kriegsjahr die „Weihestätte" zum ersten Mal betrat. Inzwischen war der ganze Obersalzberg hermetisch abgeriegeltes „Führersperrgebiet". Der Krieg war auch hier zu spüren. Im Inneren des Berges waren riesige Luftschutzstollen angelegt und das hotelartige Gästehaus Platterhof in

13 https://www.obersalzberg.de/ueber-uns/konzept/ (abgerufen Mai 2020).

^ *Propagandapostkarte: Hitler mit Gefolge vor dem Berghof*

ein Lazarett umgewandelt worden. Und auch Hitlers einstige opulente, vielköpfige Hofhaltung, von der frühere Besucher berichten, hatte ihren Glanz verloren. Alles war prosaischer geworden und immer mehr war infolge der ungünstigen militärischen Entwicklungen an allen Fronten Nervosität und Verunsicherung unter den führenden Nationalsozialisten spürbar. Mit der Festanstellung beginnt die intensive letzte Phase im kurzen Leben Constanze Manziarlys, die durch die Briefe an ihre Angehörigen in Innsbruck dokumentiert ist. Das Spannende an diesen Selbstzeugnissen ist ihre schnörkellose, ganz auf den Augenblick fixierte Unmittelbarkeit, die nicht durch nachträgliche Umdeutungen und Interpretationen verzerrt wurde. Auch fehlt ihnen der Hang zur Selbstrechtfertigung,

^ *Bauarbeiter vor dem Berghof, 1939*

der in der klassischen Memoirenliteratur häufig zu finden ist.

18 Briefe Constanzes befinden sich im Familienbesitz, 15 davon stammen aus ihrer Zeit im Führerhauptquartier. Am Beginn dieser Reihe steht die bereits erwähnte Nachricht vom 3. April 1944. Aus Gründen, über die man nur Mutmaßungen anstellen kann, endet die Serie im Dezember 1944. Was Constanze schreibt, enthält keine spektakulären Enthüllungen, ist aber dennoch höchst aufschlussreich und atmosphärisch dicht. Sie teilt ihren engsten Vertrauten, Schwester und Vater, ihre Erlebnisse, Gedanken, Sorgen und Gefühle mit und liefert dabei Einblicke in die Verhältnisse und die Stimmung im engsten Umfeld des obersten NS-Machthabers in einer besonders dramatischen Phase seiner Herrschaft. Was sie berichtet, ist manchmal banal, manchmal bemerkenswert. Und manchmal beides zugleich. Man staunt gelegentlich darüber, was sie beschäftigte und bewegte – und

^ *Stollen der ausgedehnten unterirdischen Bunkeranlage auf dem Obersalzberg*

auch darüber, was nicht. „Ambulant“ war Constanze Manziarly wohl ab März 1944 für Hitlers Versorgung zuständig, irgendwann zwischen Anfang April und Mitte Juni kam es dann zur festen Anstellung beziehungsweise Dienstverpflichtung. Es ist anzunehmen, dass sie zu dieser Zeit auf dem reichlich mit Mitarbeiterunterkünften ausgestatteten Obersalzberg wohnte, auch wenn sie ihr Zimmer in Berchtesgaden noch eine Zeitlang behielt. Dass es bis zum 15. Juni 1944 eine Lücke in den Briefen gibt, ist vermutlich auf die

^ *Brief Constanzes vom 3. April 1944 an ihre Familie in Innsbruck* immense Arbeitsbelastung zurückzuführen, der sie in ihrer neuen Rolle ausgesetzt war und die in den Briefen immer wieder Thema ist. Wahrscheinlich ist es kein Zufall, dass sie ausgerechnet am 15. Juni wieder einen Brief nach Hause schrieb: Am folgenden Tag brach Hitler zu einem mehrtägigen Frontbesuch nach Frankreich auf. Kurz zuvor hatte die Invasion der Alliierten in der Normandie stattgefunden und an der nun neu eröffneten Westfront tobten heftige Kämpfe. Vielleicht verschaffte die Abwesenheit des „Chefs" der

^ *Brief Constanzes an ihren Vater vom 15. Juni 1944*

Köchin die Gelegenheit, endlich wieder einmal an die Familie zu schreiben. Die dramatischen weltpolitischen und militärischen Ereignisse kommen freilich in Constanzes Brief nicht vor. Hauptsächlich geht es um ihre nun definitiv verschobene Anstellung als Lehrerin. Keine Erwähnung findet auch ein Ereignis, das Constanze – wie die eingangs erwähnte Filmsequenz beweist – kurz zuvor miterlebt haben musste und bei dem sie auch als Köchin im Einsatz war: Die Hochzeit von Gretl Braun mit dem SS-Gruppenführer und Generalleutnant der Waffen-SS Hermann Fegelein. Die Heirat der jüngeren Schwester der Hitler-Geliebten Eva Braun und des massiv karriereorientierten Verbindungsoffiziers Heinrich Himmlers im Führerhauptquartier am 3. Juni 1944 war das letzte große Fest der NS-Elite und wurde äußerst prunkvoll begangen. Der Trauung im Schloss Mirabell bei Salzburg folgten ein Empfang auf dem Berghof und ein Festessen im Kehlsteinhaus.[14] Das Berghof-Personal und wohl auch Constanze Manziarly hatten alle Hände voll zu tun. Das rauschende Fest wird manchem Beteiligten als gespenstisches, weil geradezu aus der Zeit gefallenes Ereignis in Erinnerung geblieben sein, setzte doch die Ernüchterung spätestens ein, als drei Tage darauf, am 6. Juni 1944, die Landung der Amerikaner und Briten in der Normandie gemeldet wurde, mit der der letzte Akt im großen Kriegstheater begann und der Beginn der Höllenfahrt des NS-Regimes in Richtung Untergang.

Militärische Krisen und Katastrophen waren aber ohnehin bezeichnend für die Zeit, in der Constanze

14 Eberle/Uhl, S. 258ff; Görtemaker, S. 311; Junge/Müller, S. 138f

ihren Dienst im Führerhauptquartier antrat. Die deutsche Wehrmacht war an allen Fronten in der Defensive. Im Frühjahr 1944 gingen im Süden der Ostfront die Krim und weite Teile der Ukraine verloren. Die Rote Armee stand jetzt vor dem mit dem Deutschen Reich verbündeten Rumänien mit seinen kriegswichtigen Erdölfeldern. Zudem verheerten riesige alliierte Bomberflotten die deutschen Großstädte und die Zentren der Kriegsproduktion. Der Invasion im Westen folgte Mitte Juni im Osten mit der „Operation Bagration" ein noch gewaltigerer Großangriff der Roten

^ *Das Kehlsteinhaus, unterhalb das Portal, das den Eingang zum Liftstollen bildet*

Armee, der zum Zusammenbruch der Heeresgruppen Mitte und zu deutschen Verlusten an Menschen und Material führte, die jene von Stalingrad deutlich überstiegen. Nur mit Mühe konnte die Front stabilisiert werden.

Wie Zeitzeugen immer wieder hervorheben, war die Stimmung im Führerhauptquartier in diesen kritischen Wochen und Monaten ständig angespannt. In dieser Atmosphäre versah Constanze Manziarly ihren Dienst. Unter welchen Bedingungen und Belastungen das geschah, thematisiert sie immer wieder in ihren Briefen.

Der Umgangston in Hitlers engster Umgebung wird in der Erinnerungsliteratur als durchweg höflich und freundlich, ja familiär beschrieben.[15] In vielen Memoiren spürt man die Tendenz, einen schizophren anmutenden und in der Rückschau kaum begreiflichen Gegensatz zu schildern: hier der mitleidlose Schlächter, von dessen Untaten man erst nach dem Krieg erfahren haben will, dort der höfliche, freundliche und um das Wohlergehen seiner Mitarbeiter besorgte „Chef". Constanze widerspricht diesem Eindruck nicht grundsätzlich. Allerdings vermittelt sie in ihren Briefen ein nüchternes und weniger verklärendes Bild, gerade auch was ihrer Tätigkeit im Umfeld des Diktators betrifft. In ihren Nachrichten treten die tägliche harte Beanspruchung und der Druck der Verantwortung massiv zutage, dem die erst 24-Jährige – deutlich mehr als beispielsweise die Sekretärinnen Hitlers – ausgesetzt war. Erheblich zum psychischen Stress wird auch beigetragen haben, dass die junge Tirolerin ihre Tätigkeit unter der strengen Beobachtung zweier

15 Etwa bei Misch, Schröder/Joachimsthaler und Junge/Müller

eigenwilliger herrschsüchtiger Persönlichkeiten ausüben musste. Man kann sich ausmalen, dass der in ihren Briefen mehrfach erwähnte Martin Bormann, der unumschränkte Herr des „Führer“-Haushalts am Berghof, kein einfacher Vorgesetzter war, und auch, dass Dr. Morell, der in Sachen Diät eine eigene, stark

^ *Kuvert eines Briefes von Constanze, abgestempelt am 19. Juli 1944. Als Absender ist ihre Feldpostnummer angegeben.*

von Prof. Zabels Konzepten abweichende Linie verfolgte, sich massiv in ihre Arbeit eingemischt haben wird.

Schon im ersten Brief vom 3. April 1944 ist vom hohen Arbeitsdruck die Rede, danach klagt Constanze immer wieder über die langen und unregelmäßigen Arbeitszeiten, die fehlende Freizeit, Schlafmangel, die Last der Verantwortung und die damit verbundenen gesundheitlichen Probleme. Am 28. August 1944 – inzwischen bekochte sie Hitler im Hauptquartier Wolfsschanze – schreibt sie etwa an die Familie:

Es wird hier für mich getan, was möglich ist. Der wichtigste (Grund) allerdings kann nicht ausgeschaltet werden … Der stehende Beruf in Küchenhitze … unregelmäßige Tageseinteilung und unkontrollierte Ernährung, auch das viele Abkosten.

Im Brief vom 24. September 1944 heißt es:

Bandagiert brauchen meine Füße nicht zu werden. Das wäre im Gegenteil schlecht, dann kommen die Stauungen oberhalb. Das Herz pumpt etwas schwach, das wirkt sich in den äußeren Körperteilen u. besonders an den Tiefpunkten sehr aus. Übrigens auch am Zahnfleisch. Ich bin z. Zeit hier in Behandlung bei dem ausgezeichneten Prof. Blaschke[16]*, sehr gewissenhaft, der alles am Gebiß in Ordnung bringt. Ich habe wieder etwas Parodenthoseerscheinungen* (sic!), *die Zahnhälse liegen z. Teil frei. Es wird aber schon besser.*

In einer anderen Briefstelle wird angesprochen, dass sie offenbar nicht nur für den „Führer“, sondern auch für die Kollegenschaft kochen musste, was beim

16 Prof. Hugo Blaschke war Hitlers Zahnarzt, der auch dessen Mitarbeiter behandelte.

abnormen Tagesrhythmus des Nachtmenschen Hitler besondere Probleme mit sich brachte und für sehr lange Arbeitstage sorgte. Constanze schreibt am 29. Oktober 1944 resignierend:

In meiner Arbeit habe ich in letzter Zeit oft Krisen zu überwinden gehabt. Daß „Politik durch den Magen geht", spürt niemand so wie ich. Wenn ich viel zu tun habe, bin ich sehr müde. Es wär halt schön, wenn ich nur für den Oberarzt kochen müsste. Dann hätte ich geregeltere Dienststunden u. könnte mein nettes Wohnzimmer (das immer wohlig warm geheizt ist) mehr genießen.

Man fragt sich, warum Constanze Manziarly, die eine so wichtige Aufgabe zu erfüllen hatte, offenbar mit ihren Problemen und Belastungen über Wochen und Monate alleingelassen wurde. Eine Briefstelle, die ebenso erhellend wie irritierend ist, hat damit zu tun. Am 24. September 1944 schreibt sie:

Als ich hier her kam, kam gleichzeitig 1 Rot-Kreuz-Schwester zu Zabel, die als mein Ersatz gedacht war. (War schon früher einmal vorgeschlagen.) Als sich entschied, daß ich bleibe, wurde der Reichsleitg.[17] vorgeschlagen, diese Schwester hierher kommen zu lassen, damit wir uns ablösen können. Das wurde abgeschlagen. Sie wird aber in Berlin warmgehalten, für Krankheits- oder Urlaubsfälle. Hier zwei Assistentinnen würde der Chef auch nie gestatten, er hatte schon Hemmungen, Frau von Exner u. mich zu haben, „man soll nicht sagen, der F. hält sich eine eigene Köchin." Da aber er u. 2 seiner engsten Mitarbeiter Diät nötig haben, kann er es vor sich verantworten.

17 Reichsleitung. Gemeint ist Hitler-Sekretär Martin Bormann, der den Titel „Reichsleiter" führte.

Hitler, der sich bei anderen Gelegenheiten seinem Personal gegenüber gern als fürsorglich gab, war also besorgt um sein Bild in der Öffentlichkeit und fürchtete, dass die Beschäftigung einer für ihn tätigen Diätköchin und einer weiteren Kraft seinem Ruf als bescheidener, einfacher und nur für seine Mission lebender Staatsführer schaden könnte. Lieber ließ er seine Mitarbeiterin bis zur Erschöpfung arbeiten. Das erstaunt umso mehr, als Hitler neben einem ganzen Heer von Adjutanten, Ordonnanzen und Leibwächtern sowie vier Sekretärinnen auch einen persönlichen Kammerdiener und sogar einen eigenen Hundeführer – Feldwebel Fritz Tornow – für seine Schäferhündin Blondi beschäftigte. Seiner Geliebten Eva Braun standen unter anderem ein Chauffeur und eine Zofe zur Verfügung. Als Angehörige einer Generation von geduldigen und zum Duldenden erzogenen Frauen fügte sich Constanze Manziarly aber offenbar auch hier ohne größere Proteste in ihr Schicksal. Vom anstrengenden Küchendienst erfährt man in den Briefen immer wieder. Erstaunlicherweise jedoch kaum etwas darüber, was sie für den „Führer" kochte und womit sie ihn und seinen Hofstaat kulinarisch so verwöhnte, dass man nicht mehr auf sie verzichten wollte. Aus anderen Quellen ist bekannt, dass es nicht einfach war, den strikten Vegetarier und auf natürliche Kost fixierten „Führer" zu bekochen. Meist standen Nudeln, Kartoffeln, Gemüse, Salat und Rohkost auf dem Speiseplan. Dazu kam eine große Vorliebe Hitlers für Kuchen und Mehlspeisen.[18] Darauf bezieht sich auch einer der wenigen konkreten Aussagen in Constanzes

18 Siehe dazu u.a. Junge/Müller, S. 76f

ten: Buchhandlung Frick, Wien, I., Graben 27. 28693=8

Heß=Kochbuch (Wiener Küche, nur neuere Auflage) zu kaufen ges. C. Manziarly, Brennerstr. Nr. 5/1. Tel. 76034. 15765=8

Kaufe gutgehende Herren=Taschen= od. Armbanduhr. Zu=

Briefen zum „Endprodukt“ ihrer Arbeit. Nachdem sie bereits am 27. Juli 1944 bei ihrer Schwester Susanne nachgefragt hatte, ob sie ein bestimmtes Kochbuch abgeschickt habe, schrieb sie am 14. Dezember 1944: *Ich backe täglich viel, oft stundenlang, aber abends ist immer alles weg.* Laut der Schwester handelte es sich bei dem erwähnten Kochbuch um jenes der Wiener Großmutter mit den Rezepten österreichischer Mehlspeisen. Diese fanden offenbar nicht nur bei Hitler, sondern auch bei der Kollegenschaft großen Anklang. Und es existiert noch ein weiterer Hinweis, in welche Richtung Constanzes Kochen und Backen und wohl auch die Vorlieben ihres „Chefs“ gingen: Am 8. August findet sich in den „Innsbrucker Nachrichten“ eine unscheinbare Wortanzeige in der Rubrik „Kaufgesuche“ in der eine C. Manziarly aus Innsbruck mit-

^ *Inserat aus den „Innsbrucker Nachrichten“ vom 8. August 1944. „C. Manziarly“ sucht das Kochbuch „Wiener Küche“.*

teilt, dass sie das „Heß Koch-Buch, Wiener Küche, nur neue Auflage“ sucht. „Wiener Küche“ von Olga und Adolf Heß ist ein Standardwerk, das 1913 erstmals erschien und bis heute in immer neuen Auflagen herauskommt. Die ursprünglich für die Wiener Bildungsanstalt für Koch- und Haushaltungsschullehrerinnen zusammengestellte Sammlung enthält Anleitungen für zahllose Gerichte, darunter auch einfallsreiche und erlesene Mehlspeisen- und Kuchenrezepte. Auch wenn sich Constanze in ihren Briefen über die von ihr zubereiteten Speisen nur zurückhaltend äußert, gibt es doch eindeutige Informationen darüber, was sie für Hitler kochte und wie sie ihrer Aufgabe nachkam, eine auf ihn abgestimmte Diätkost zusammenzustellen. In seinem Buch „Patient Hitler“ listet etwa Ernst Günther Schenck[19] aus verschiedenen Quellen tagebuchartig eine ganze Reihe von Speisen und Speiseabfolgen auf, die Hitler – auch unter der Ägide von Constanze Manziarly – zu sich genommen hat. So liest man etwa unter „Juni 1944“: „Frau Anni Winter, Haushälterin in seiner Privatwohnung Prinzregenten-Straße in München, besuchte Hitler auf dem Obersalzberg und sah, daß er als Essen 1 Teller Bohnensuppe und 1 kleine Portion Kopfsalat zu sich nahm. Hitler soll zu ihr gesagt haben: ‚Sie sehen, ich darf fast nichts essen. Lassen Sie sich erklären und zeigen, wie Sie für mich (bei Besuchen in München, der Verf.) zu kochen haben.‘ Einige Stücke Apfeltorte, die Frau Winter ihm später vorsetzte, soll er förmlich mit Heißhunger verschlungen haben.“

19 Schenck, S. 44ff.

Für den 2. Oktober 1944 wird folgende, wohl vom Kammerdiener Heinz Linge aufgezeichnete Notiz zitiert, die auch Constanze Manziarly erwähnt: „Zum Frühstück 14 Uhr: Haferschleim mit Wasser angenommen und wenig Salz. Obststücke (Birnen). Abendessen mit Frl. Manziarly besprochen, aber F. hat umbestimmt und nimmt nur wieder Haferschleim mit Obstbrei, auch Trauben. – Er will 5 Orangen haben, da er im Moment Lust darauf hätte. Ich möchte doch sehen, ob ich welche vom Berg oder aus Berlin haben könne."

Linge präsentiert eine ganze Reihe von Speiseplänen. Willkürlich daraus hier zwei Beispiele. Am 6. Juni 1944, dem Tag der Invasion in der Normandie, lautete die zweifellos von Constanze Manziarly erstellte und zubereitete Menüfolge: „Mittags: Johannisbeersaft, Tomaten-Ei-Auflauf, Kartoffelrend, Tutti-Frutti. Abends: Orangensaft mit LSS, Apfelmüsli passiert, Knäckebrot, Butter, Haferpaste." Und am 22. Juni, dem Tag, als an der Ostfront die Offensive der Roten Armee gegen die Heeresgruppe Mitte begann, nahm der „Führer" im Berghof Folgendes zu sich: „Mittags: Kirschsaft mit LSS, Griesnockerls-Suppe, Junge Bohnen, Kartoffelschnee, Salat, Windbeutel gefüllt. Abends: Orangensaft mit LSS, Makkaroni-Auflauf, Tomatensauce, Salat, Knäcke D, Butter, Quarkpastete."

Neben den Herausforderungen und Belastungen durch die anstrengende Küchenarbeit und den schwierigen „Patienten" gab es noch ein anderes Alltagsproblem, das man bei einer Mitarbeiterin des Führerhauptquartiers wohl kaum erwarten würde und das sich ebenfalls wie ein roter Faden bis zum Schluss durch Constanzes Briefe zieht. Breiten Raum nimmt in der Korrespondenz mit der Schwester der Mangel an

Dingen des alltäglichen Gebrauchs ein. Eine besondere Rolle spielt dabei Kleidung, die in fast jedem Brief zur Sprache kommt. Die allgemeine kriegsbedingte Rohstoffknappheit, die schwer auf der Bevölkerung lastete, scheint also durchaus auch beim Personal des Führerhauptquartiers – jedenfalls bei den niedrigeren Chargen – spürbar gewesen zu sein. Wiederholt bittet Constanze die Schwester, ihr bestimmte Kleidungsstücke, Stoff, Nähmaterial und dergleichen zu schicken, und spricht Engpässe und Probleme mit den amtlichen Kleiderkarten an, mit denen die Rationierung von Textilien geregelt wurde. Das betrifft sogar die Arbeitskleidung: Schon im ersten Brief vom 3. April 1944 schreibt sie, dass sie die weiße Schütze, die sie bereits nach Hause geschickt hatte, wieder brauche.

Wie man aus weiteren Briefen erfährt, sind die Engpässe zum Teil darauf zurückzuführen, dass Constanze bei ihrem überstürzten Aufbruch nach Ostpreußen vieles in Berchtesgaden zurücklassen musste. Dennoch überrascht es, dass sie im Führerhauptquartier offenbar nicht die Möglichkeit hatte, das Fehlende ausreichend zu beschaffen. Oder hatte sie sich in ihrer zurückhaltenden Art nur nicht nachdrücklich genug darum bemüht? Am 17. Juli 1944 schrieb sie aus der Wolfsschanze an die Familie:

Die Sachen, um die ich gebeten habe, werdet ihr schon weggeschickt haben. Hoffentlich ging das glatt u. kommt gut an. Ich habe Garderobeschwierigkeiten; vor allem fehlt mir ein elegantes Sommerkleid und ein Sommermantel; auch habe ich größte Strumpfnot.

Ich habe gehört, daß Strümpfe aufgerufen wurden, bitte besorgt sie mir auf meine Karte, die sich noch bei euch befindet.

Habt ihr damals Berufskleidung oder Stoff besorgen können? Schreibt mir bald.

Im Brief vom 28. August heißt es:

Gestern kam das Päckchen mit dem Kleid von der Gedina[20]*. Ich kann gar nicht sagen, wie glücklich ich darüber bin. Es ist die Rettung in der Not. In der nächsten Zeit sollen wir ein Uniformkostüm bekommen, grau. Es kann aber auch ziemlich lange dauern. Einen Regenumhang habe ich bereits bekommen. Was mir dann noch dringend fehlt, ist eine Bluse. Es gibt Mitteldinge zwischen streng sportlich und elegant. Am liebsten weiß. Habe ich noch etwas auf der Kleiderkarte? Gibt es etwas darauf zu kaufen oder ist sie gesperrt? Ich bin in diesen Dingen ganz doof. Wegen Bezugsschein bin ich noch nicht weitergekommen. Es gibt hier keine Dienststellen, die hier zuständig sind, nur eine für Uniformen. Wenn irgendwie ein Stoff für eine Bluse aufzutreiben wäre, könnte ich sie eventuell hier nähen lassen. Daß das Obstpäckchen angekommen ist, habe ich bereits in meinem letzten Brief bestätigt. In diesem Brief habe ich auch gebeten, mir das schwarze Kleid, das bei Tuchkowitz war* (zu schicken).

Bemerkenswert erscheint eine Passage aus Constanzes Brief vom 24. September 1944, in der Hitler persönlich eine Rolle spielt. Es ist wieder von der Kleiderkarte und fehlendem Strumpfstopfgarn die Rede, dann schildert sie folgende Episode:

Wir haben neulich vom Chef Strümpfe geschenkt bekommen, Kriegsware, für mich sind sie etwas kurz, aber trotzdem bin ich unendlich froh darüber. Sie kamen wie gerufen. Wir haben noch viel Spaß dabei ge-

20 Gedina und Tuchkowitz waren ein Kleidergeschäft und eine Schneiderin in Innsbruck.

habt, weil zuerst mausgraue dicke Uniformstrümpfe kamen. Der Chef wurde über Damengeschmack falsch unterrichtet und war der Meinung, das sei „le dernier crie“, – bis er unsere Gesichter sah!

Seltsam klingt es auch, wenn Constanze, immerhin im Machtzentrum des Dritten Reichs, in mehreren Briefen umständlich mit ihrem Vater verhandelt, ob und wie es ihm möglich wäre, ihre in Berchtesgaden zurückgelassenen Sachen abzuholen. Und das, obwohl ständig Kuriere zwischen Hauptquartieren und den verschiedensten Orten unterwegs waren. So hatte Hitler keine Hemmungen, Briefe an seine Halbschwester Paula in Wien von einem SS-Kurier persönlich befördern zu lassen.[21] Und Bormann zögerte nicht, seine Frau in der Nacht mit einem Chauffeur vom Obersalzberg in sein 160 Kilometer entferntes Wohnhaus in Pullach zu schicken, um frische Hemden zu holen, weil er alle vorhandenen beim Tanzen auf der Fegelein-Hochzeit durchgeschwitzt hatte.[22]

Da es schwerfällt zu glauben, dass damals tatsächlich auch in der obersten Führungsebene ein kriegsbedingter Mangel an derartigen Gebrauchsgütern herrschte, muss man wohl annehmen, dass die geschilderten Zustände – ebenso wie die Gleichgültigkeit gegenüber Constanzes Arbeitsüberlastung – lediglich die Ignoranz der Verantwortlichen und Vorgesetzten bei den Alltagsproblemen der niederrangigeren Mitarbeiter(innen) widerspiegeln.

21 Misch, S. 71f
22 Eberle/Uhl, S. 260

IN DER WOLFSSCHANZE

Auf dem Berghof war Constanze mehrere Wochen im Einsatz, ohne einen freien Tag zu haben. Dann führten die dramatischen militärischen Ereignisse zu einem Ortswechsel: Am 14. Juli 1944 übersiedelte Hitler mit seinem gesamten Gefolge vom Berghof ins näher an der Ostfront gelegene Führerhauptquartier Wolfsschanze in Ostpreußen, wo er sich nach Beginn des Kriegs gegen die Sowjetunion schon zuvor häufig aufgehalten hatte. Aus Geheimhaltungsgründen wurde das Personal erst kurzfristig über den bevorstehenden Wechsel informiert. Auch Constanze war davon betroffen. Später schreibt sie:

Nachdem ich innerhalb 1 Stunde gänzlich unvorbereitet fliegen mußte, konnte ich damals nichts in Ordnung bringen, nur mit fliegender Eile packen.

Wie der Berghof war auch die Wolfsschanze nahe der Stadt Rastenburg völlig auf Hitler und seine Aufgaben als oberster Befehlshaber der Wehrmacht ausgerichtet und perfekt ausgestattet. Das Führersperrgebiet Wolfsschanze lag allerdings in einer völlig anderen Landschaft. Man übersiedelte aus der Bergwelt der Alpen in die dicht bewaldeten Ebenen Ostpreußens in eine Anlage,

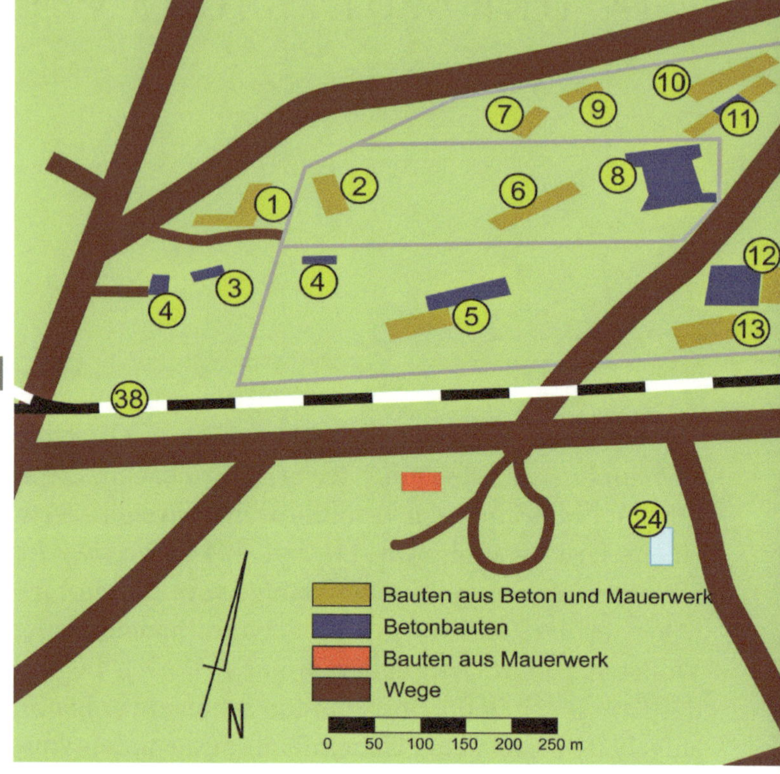

Lageplan der Wolfsschanze:

1. Büro- und Wohngebäude der Leibwache Hitlers
2. Gebäude der Leibwache und des Sicherheitsdienstes
3. Notstromaggregat
4. Bunker
5. Gebäude des Reichspressechefs Otto Dietrich
6. Beratungsbaracke, Ort des nicht geglückten Attentats auf Hitler vom 20. Juli 1944
7. Sicherheitsdienst
8. Luftschutzraum für Gäste
9. Leibwache
10. Gebäude des stenografischen Dienstes
11. Sicherheitsdienst, erster Leibwächter Hitlers Rattenhuber, Chef der Polizeiabteilung Högl, Postgebäude
12. Fernschreibdienst
13. Garagen
14. Fahrdienst
15. Kino
16. Heizungsgebäude
17. Theo Morell, Bodenschatz, Hewel, Voß, Wolff, Fegelein
18. Vorratslager
19. Gebäude von Martin Bormann, persönlicher Sekretär Hitlers
20. Luftschutzraum Bormanns und seines persönlichen Umfelds
21. Adjutantur Hitlers und der Wehrmacht, Personalamt der Wehrmacht
22. Casino II
23. General Alfred Jodl, Chef des

Wehrmachtführungsstabes im Oberkommando der Wehrmacht

24. Feuerlöschteich
25. Dienstgebäude des Außenministeriums
26. Fritz Todt, nach seinem tödlichen Unfall: Albert Speer
27. Hotel der Leibwache
28. allgemein zugänglicher Luftschutzraum mit Flak und MG-Einheiten auf dem Dach
29. Casino I
30. Neue Teestube
31. Generalfeldmarschall Wilhelm Keitel, Chef des Oberkommandos der Wehrmacht
32. Alte Teestube
33. Gebäude von Reichsmarschall Hermann Göring,
34. Luftschutzraum Görings mit Flak, MG- und Reflektor-Einheiten
35. Vertretung des Oberkommandos der Luftwaffe
36. Vertretung des Oberkommandos der Kriegsmarine
37. Hitlers Bunker mit Flak-Station
38. Eisenbahnlinie Rastenburg (Kętrzyn)–Angerburg (Węgorzewo)

die etwa 40 Wohn-, Wirtschafts- und Verwaltungsgebäude umfasste. Anders als am Komplex Obersalzberg, der sich aus einer Feriensiedlung entwickelt hatte, war in der Wolfsschanze alles auf ihre Funktion als oberste militärische Kommandozentrale angelegt. Das Areal war in drei militärische Sperrkreise eingeteilt, von denen der streng gesicherte innerste Sperrkreis 1 dem innersten Zirkel, dem eigentlichen Führungsstab, vorbehalten war.[23]

Normalerweise nahmen Hitler und sein Stab schon früher im Jahr in der Wolfsschanze Quartier, doch hatte sich 1944 die Übersiedlung verzögert, weil der Frühling und der Frühsommer dazu genutzt worden waren, die Absicherungen gegen Luftangriffe zu verstärken. Dabei entstanden Bunkeranlagen mit teilweise neun Meter dicken Stahlbetondecken. Allerdings waren diese Baumaßnahmen noch nicht ganz abgeschlossen, als Hitler und sein Gefolge Mitte Juli eintrafen. Dieser Umstand sollte bald darauf beim Attentat vom 20. Juli eine Rolle spielen, da die Lagebesprechung, in der Graf Stauffenberg die Bombe zündete, nicht in einem Bunker, sondern in einer leicht gebauten Baracke stattfand, was der Explosion einen Teil ihrer Wirkung nahm. Constanze scheint sich mit der für sie völlig fremden Gegend, die ihr Aufenthaltsort für die nächsten Monate werden sollte, schnell angefreundet zu haben. Drei Tage nach ihrer Ankunft schrieb sie nach Hause:

Man sieht u. erlebt hier viel Neues. Die ostpreußische Ebene habe ich mir viel langweiliger vorgestellt, als sie ist; es gefällt mir recht gut. Das Klima bekommt mir

23 Nähere Informationen zur Wolfsschanze siehe: Neumärker

hier, soweit ich das bisher feststellen kann, gut. Ich fühle mich wohler als am Berg und in Höhenlagen überhaupt. Dann folgt der nicht weiter kommentierte Satz: *Jeden Abend bin ich Gast meines Chefs.*

Die junge Tirolerin war also zu dieser Zeit bereits regelmäßig zu Hitlers berühmt-berüchtigten nächtlichen Teegesellschaften eingeladen, die in vielen Erinnerungswerken erwähnt werden. Zu diesen Plaudereien versammelte der „Führer", der die Atmosphäre kleinbürgerlicher Behaglichkeit schätzte, allabendlich Gäste und Personen seiner Umgebung, gern auch junge Frauen. Es ging um lockere, meist anspruchslose Unterhaltung, bei denen in der Regel der Hausherr monologisierend das Wort führte. Hitler, der ja sonst kein Privatleben hatte und sich in seinen Hauptquartieren eine Art Ersatzfamilie schuf, liebte es, sich nach den Beanspruchungen des Tages am Abend zur Entspannung und Erholung diesen unverbindlichen Plaudereien im Kreis seines „Gefolges" hinzugeben. Die Atmosphäre war, wie Zeitzeugen schildern, durchwegs leger – auch wenn kein Zweifel bestand, wer das Sagen hatte.

Es ist nicht überraschend, dass Constanze mit ihrem gewinnenden Wesen und guten Manieren bald zu diesen Abendgesellschaften – und zu den Mittags- und Abendmahlzeiten – gebeten wurde, auch wenn Traudl Junge, ebenfalls ein Stammgast der „Teerunden", in ihren Erinnerungen irrtümlich meint, dass Constanze damals noch „zu neu" für die Teilnahme gewesen sei.[24]

Die stets von Hitler vorgegebenen Themen der Teegesellschaften beschäftigten sich mit allem und jedem.

24 Junge/Müller, S. 164

Konkrete Bezugnahme zu tagesaktuellen politischen und militärischen Ereignissen waren, da Hitler sich damit eben gerade vom Tagesgeschehen freimachen wollte, selten. Sie kamen aber entgegen anderslautenden Beteuerungen durchaus vor. Grundsätzlich gab man sich aber betont „nicht-dienstlich". Immer wieder erzählte Hitler beispielsweise harmlose Anekdoten aus seiner Jugend oder aus der „Kampfzeit", den Jahren vor der Machtergreifung. Dennoch gehören die bei dieser Gelegenheit gemachten Äußerungen Hitlers zu den wichtigsten und am meisten entlarvenden Quellen über seine Psyche und sein mitunter erschreckend oberflächliches und spießbürgerliches Weltbild. Und nicht zuletzt enthüllen seine oft ausufernden Monologe, etwa über Kunst, Musik, Geschichte, Psychologie oder die Natur, auch schonungslos Hitlers unsystematisch angelesene Halbbildung und das Fehlen kritischer Selbstreflexion. Was der „Führer" bei diesen Abendunterhaltungen sagte, ist zum Teil aus den Protokollen bekannt, die sein Sekretär Martin Bormann aufzeichnen ließ und die später unter dem Titel „Hitlers Tischgespräche" bzw. „Monologe im Führerhauptquartier" veröffentlicht wurden.[25] Die meisten der erhalten gebliebenen Protokolle stammen aus den Jahren 1941 und 1942. Aus den Monaten, in denen Constanze Manziarly an den Teeabenden teilnahm, ist nur ein einziges Protokoll bekannt.

Auch wenn die Atmosphäre und der Umgangston bei den Teegesellschaften entspannt, sogar familiär gewesen sein sollen, waren nicht alle Teilnehmer von diesem nächtlichen Ritual angetan. Hitlers Monologe

25 Jochmann

wurden oft als nervtötend und langweilig empfunden. Rüstungsminister und Hitler-Intimus Albert Speer schreibt von der „Banalität der Gespräche“ und distanziert sich mit abfälligem Unterton: „In den hunderten Teegesprächen wurden Fragen der Mode, der Hundeaufzucht, des Theaters und des Films, der Operette und ihrer Stars behandelt, daneben zahllose Kleinigkeiten aus dem Familienleben anderer.“[26] Auch die glühende Hitler-Verehrerin Magda Goebbels hatte offenbar ihre Vorbehalte gegen die Teeabende. Sie sagte dem italienischen Außenminister Graf Ciano: „Fast immer redet er. Und er kann Führer sein, so viel er will, schließlich wiederholt er doch immer die gleichen Dinge und ödet seine Zuhörer an.“[27]

Allabendliche geladen zu den Teerunden waren auf Hitlers Wunsch die jungen Frauen aus seiner engeren Umgebung, also vor allem seine persönlichen Sekretärinnen – und offenbar auch seine Diätköchin Constanze Manziarly. Die Frauen dürften die sich stundenlang hinziehenden, meist bis in die Morgenstunden dauernden Gesellschaften noch stärker als lähmend empfunden haben als die oben zitierten gelegentlichen Gäste. Anders als diese hatten sie damit ein zusätzliches Problem: Die nächtlichen „Einsätze“ kosteten regelmäßig viel Schlafenszeit. Traudl Junge[28] berichtete, dass die vier Sekretärinnen deshalb einen regelrechten Schichtdienst für die Teestunden einrichteten: Abwechselnd nahmen zwei der Frauen daran teil, die anderen beiden hatten frei und konnten die Nacht zum Schlafen nutzen und am nächsten Tag ausgeruht zum Dienst

26 Speer, S. 108
27 Möller (7. Auflage), S. 89
28 Heller/Schmiderer

erscheinen. Da Constanze diese Möglichkeiten nicht hatte, traf sie die Teilnahme wohl doppelt hart. Während Hitler nach dem Ende der Unterhaltung um drei oder vier Uhr früh gewöhnlich bis Mittag schlief und die ohnehin dienstlich nicht so stark beanspruchten Sekretärinnen ihren eigenständig eingeführten Schichtdienst versahen, musste Constanze bereits am Vormittag wieder in der Küche stehen. Es liegt auf der Hand, dass diese abseits ihrer normalen beruflichen Aufgaben gelegene zusätzliche Beanspruchung – selbst wenn ihr die Einladungen anfangs vielleicht sogar geschmeichelt haben werden – das ihrige zur ohnehin schon erheblichen Überlastung beitrugen. Offenbar wurde erwartet, dass sie ständig verfügbar war.

Der ungewöhnliche Lebensrhythmus des Nachtmenschen und Langschläfers Hitler war insgesamt eine Belastung für seine Umgebung, die sich in der Zeitplanung völlig nach dem „Chef" richten musste. Als exemplarisch sei hier der Ablauf eines (Arbeits-)Tages Hitlers in der Wolfsschanze angeführt, den sein Diener Heinz Linge in Stichworten festgehalten hat. Demnach wurde der „Führer" am 21. Oktober 1944 um 11.30 Uhr geweckt. Um 12.30 Uhr stand eine kurze Besprechung mit Chefadjutant Julius Schaub auf dem Programm, um 12.45 ein Termin mit den beiden Leibärzten Theodor Morell und Carl von Eicken. Um 14.15 empfing Hitler den Gesandten Franz von Sonnleithner zu einem Gespräch. Um 14.30 Uhr wurde das Mittagessen serviert. Um 15.10 folgte die erste „Lage", also die Lagebesprechung zur aktuellen militärischen Situation. Anschließend fuhr der Diktator zum Röntgen ins nahe gelegene Lazarett Karlshof. Danach traf er den „Duce-Befreier" SS-Sturmbannführer Otto Skorzeny, der bis kurz zuvor in Ungarn im Einsatz gewesen war, und Reichsaußenminister Joachim von Ribbentrop. Um 20.20 Uhr zog er sich dann für gut eine Stunde in seine Privaträume zurück. Um 21.30 Uhr gab es das Abendessen, zu dem Erich Koch, der Gauleiter von Ostpreußen, eingeladen war. Mit Koch, dessen Gau zu dieser Zeit akut von sowjetischen Truppen bedroht wurde, und SS-Gruppenführer Hermann Fegelein fand danach ein mehr als einstündiges Gespräch statt, anschließend erhielten noch Admiral Karl-Jesko von Puttkamer und – erneut – der Gesandte Sonnleithner eine Audienz. Inzwischen war es zwei Uhr geworden, dennoch bat der „Führer" eine Runde in üblicher Zusammensetzung zum Tee. Die Gesellschaft ging erst zwei Stunden später auseinander. Linge notierte für vier Uhr: „Schluß". [29]

Bereits drei Tage nach ihrem ersten Brief aus der Wolfsschanze schrieb Constanze Manziarly wieder an ihre Familie – am 20. Juli, einem markanten Datum. Es war der Tag des Attentats auf Hitler.

Am frühen Nachmittag explodierte das von Oberst Claus Schenk Graf Stauffenberg in der Lagebesprechungsbaracke deponierte Sprengstoffpaket. Stauffenberg flog sofort nach Berlin, um in der Kommandozentrale des Ersatzheeres, dessen Stabschef er war, den geplanten Staatsstreich zu leiten. Der Handstreich sollte Mitglieder des militärischen Widerstands an die Macht bringen. Attentat und Putsch scheiterten – an Planungsfehlern, Kommunikationsproblemen und Zufällen, vor allem aber daran, dass Hitler den Anschlag überlebte und mit seinen Getreuen Gegenmaßnahmen einleiten konnte.

29 Joachimsthaler, S. 109; Zu Hitlers Tagesabläufen in dieser Zeit siehe auch: Sandner (2016).

Traudl Junge berichtet ausführlich, wie sie die Ereignisse im Führerhauptquartier erlebte, sie schreibt von der drückenden Schwüle des Tages, vom fürchterlichen Knall der Explosion, von blutüberströmten Stabsoffizieren mit zerfetzten Uniformen und davon, dass Hitler, weil ihm die Haare wirr vom Kopf abstanden, aussah „wie ein Igel".[30]

30 Junge/Müller, S. 144f

^ *Hitler in der „Wolfsschanze". Ganz links: der spätere Attentäter Oberst Stauffenberg*

Constanze Manziarly muss ganz ähnliche Beobachtungen gemacht haben, geht in ihrem Brief aber nicht auf Details ein. Dennoch ist die Nachricht, die sie am 20. Juli, etwa um Mitternacht, ihren Angehörigen schrieb, vielleicht der bemerkenswerteste ihrer Briefe und zählt wohl zu den seltsamsten Zeugnissen über dieses Ereignis. Ihr erster Impuls war offenbar, der Familie mitzuteilen, dass ihr bei diesen Ereignissen

^ *Die durch die Sprengstoffexplosion zerstörte Besprechungsbaracke*

nichts geschehen war, was sie auch gleich in den ersten Zeilen tat. Darauf folgten allerdings einige persönliche Sätze, die angesichts der herrschenden Situation seltsam deplatziert wirken:

Ich will euch nur kurz mitteilen, daß es mir gut geht und ihr keine Sorge um mich zu haben braucht. Ich wohne schön und auch die Arbeitsverhältnisse sind gut. Wenn ich ab und zu mein Wuschelkätzchen oder den Schnurrkater dahätte, wäre es freilich viel schöner und nicht so einsam. Wie lange haben wir schon nicht miteinander reden können. Aber das ist nun einmal Schicksal. Von B. aus wollte ich noch Papa schreiben ob er mich besuchen kann, aber da reisten wir schon ab. Bitte teilt mir mit, wie lange die Post gebraucht hat. Schreibt mir bitte gleich, damit ich sehe, wie es mit der Post funktioniert. Ich habe viel Dienst und viel Verantwortung und werde daher wohl öfters, aber nicht lange schreiben, was ihr sicher verstehen könnt. Bitte macht es auch so.

Erst dann folgen drei kurze Sätze, die sich auf das kurz zuvor stattgefundene Attentat beziehen, aber eher pflichtschuldig als nach echter Betroffenheit klingen:

^ *Die bei der Explosion zerfetzte Hose des „Führers" …*

Gleich wird der Führer sprechen. Wir müssen sehr dankbar sein, daß die Vorsehung uns den Führer erhalten hat. Es war wie ein Wunder.

Und schon kehrt sie übergangslos zu den Gedanken zurück, die sich mit der Situation der Familie in Innsbruck beschäftigen, konkret mit dem Problem der Obsternte im großen Garten der Villa:

Wenn ich daran denke, daß ihr jetzt Obsternte habt, so mutet mich das an wie aus einer anderen Welt. Ich habe immer nur Angst, daß ihr euch zu viel aufreibt. Darum lieber einen Schaden im Garten in Kauf nehmen, als sich zugrunde wursteln. (...) Du kannst mir glauben, jeden Abend fällt es mir schwer aufs Herz, wenn ich darüber nachdenke, wie misslich die Zustände zu Hause sind und das deprimiert mich oft furchtbar. Gerade wie ich weiß, daß ich zurzeit nicht helfen kann.

Es ist klar, dass auch das Wissen um die Zensur die Schreiberin davon abhielt, ausführlich über die Geschehnisse zu berichten. Dennoch ist es erstaunlich, welche Gedanken und Sorgen Constanze an diesem dramatischen Tag umgetrieben haben. Echte Betroffenheit sieht zweifellos anders aus. Dass sie den Brief am späten Abend des 20. Juli 1944 schrieb, beweist die Erwähnung der bevorstehenden Radioansprache, die Hitler gegen ein Uhr nachts hielt und in der er mitteilte, dass er das Attentat überlebt habe, und die Abrechnung mit den Verschwörern ankündigte. Zu dieser improvisierten Rundfunkrede, die in einer Besprechungsbaracke stattfand, wurden die Mitarbeiterinnen und Mitarbeiter seiner engsten Umgebung als Zuhörer eingeladen. Vermutlich war auch Constanze dabei. Es gibt ein Foto von Hitler während

der Ansprache, auf dem das Publikum von hinten zu sehen ist. Auch Frauen sind darunter.[31]

Die Erkenntnisse, die der Brief vom Abend des 20. Juli 1944 vermittelt, passen gut zu den Eindrücken von Constanzes politischer Weltsicht und ihrer Einstellung gegenüber den Zeitereignissen und dem NS-Regime. Offenbar war ihre Haltung weder ablehnend noch zustimmend – oder gar begeistert –, sondern schlicht desinteressiert. Das zeigte sich bereits in ihren Äußerungen über ihren höchst ungeliebten neuen Posten im engsten Umfeld des „Führers". Hier dominierten Bedauern und Frustration über die Entwicklung, die allerdings mit Schicksalsergebenheit getragen wurden.

Ihre Schwester beschrieb Constanze rückblickend wenig überraschend – als vollkommen unpolitisch. Ihre indifferent, ja mitunter naiv wirkende Einstellung gegenüber den politischen Verhältnissen, die in den Briefen sichtbar wird, erscheint allerdings nicht un-

31 Siehe auch Sandner (2016), Bd. IV, S. 2240

^ *Hitler bei der Radioansprache nach dem Attentat. Mit großer Sicherheit war Constanze unter den Zuhörern.*

typisch für viele aus bürgerlichem Milieu stammende junge Menschen, vor allem Frauen, dieser Generation. Man kann davon ausgehen, dass in der Familie Manziarly der konservativ und monarchistisch eingestellte Vater auch politisch den Ton angab und eine Weltsicht vorgegeben wurde, in der es nicht üblich war, die Obrigkeit infrage zu stellen, weder in Familie, Schule und Kirche noch im Staat. In der Erziehung standen, besonders auch bei den Mädchen, Begriffe wie Pflichterfüllung, Gehorsam, Disziplin und Unterordnung im Vordergrund. Am 24. September 1944 schreibt Constanze in einem Brief:

An Urlaub denke ich noch gar nicht, dazu bin ich noch viel zu kurz da, und möchte auch jetzt gar keinen. In dieser überaus kritischen Zeit möchte ich den Posten nicht verlassen, weil ich bes. jetzt gebraucht werde.

Zweifellos stand Constanze Manziarly der durch Hitler repräsentierten staatlichen Obrigkeit loyal gegenüber, lässt aber in ihren Briefen – trotz BDM-Vergangenheit und Mitgliedschaft in der NS-Frauenschaft – keine besondere Begeisterung für das Regime erkennen. Das damals durchaus auch in privaten Briefen oft zu findende „Heil Hitler" fehlt zur Gänze.

Bei allem Verständnis für die junge Frau und die schwierige Situation, in die sie gegen ihren Willen geraten war, sollte nicht übersehen werden, dass ihre entwaffnende Unbefangenheit und ihre indifferente Einstellung zu den politischen Verhältnissen wohl auch bedeutet, dass sie den massiven Unrechtscharakter des Hitler-Staates nicht durchschaute. Jedenfalls finden sich in ihren Selbstzeugnissen keine Anzeichen dafür. Hunderttausenden Altersgenossen ging es nicht anders. Und doch darf nicht vergessen werden, dass es in dieser Generation auch Persönlichkeiten wie etwa die gleichaltrige Sophie Scholl gab, die in der Lage war, die wahren Ziele des Regimes zu erkennen und daraus persönliche Konsequenzen zu ziehen. Ähnlich verhält es sich mit Constanzes Haltung zum Krieg. Dieser ist in ihren Briefen zwar als Angst einflößende Bedrohung präsent, wird aber nicht weiter hinterfragt und sozusagen als „Naturereignis" hingenommen. Es kommen Bombenangriffe auf Innsbruck zur Sprache, ein anderes Mal berichtet sie, dass sie bei Alarm immer schnell den Luftschutzraum aufsucht, und rät ihren Angehörigen, bei Fliegergefahr ebenfalls immer rasch in den Keller zu gehen. Oder sie macht sich darüber Sorgen, dass die Einziehung des Vaters zum Volkssturm droht. Es ist klar, dass auch hier schon beim Schreiben die Zensur eine Rolle spielte, und so überrascht es nicht, dass sich die einzige Passage, in der der Krieg breiteren Raum einnimmt, im Brief vom 20. Oktober 1944 findet, den sie an den Kontrollen vorbeischmuggeln konnte. Aber auch was dort zu lesen ist, klingt nicht nach einer differenzierteren Sicht der Ereignisse, sondern einerseits ratlos, andererseits nach dem Pfeifen im dunklen Wald, mit dem die Angst übertönt werden soll:

Hier kämpft der Volkssturm bereits an der Front, und wenn man sieht, wie um jeden Meter gekämpft u. gerungen wird, u. es oft wirklich auf ein paar Mann mehr zusammengeht, damit eine Stellung gehalten werden kann, dann glaubt man wirklich, daß der Volkssturm „das letzte Aufgebot" ist u. eine notwendige Anordnung. Der Menschenmangel ist ein Verhängnis. Natürlich habe ich keine Angst, denn ich bin ja in Sicherheit, u. wir gehen schon, bevor uns der Russe in den Kochtopf spuckt. Aber das Gedonner u. all die Schreckens- und Elendsbilder einer mit Ochsen- und Handkarren flüchtenden Bevölkerung beeindruckt einen doch sehr. Wo ich im September noch Einkäufe gemacht habe, ist jetzt schon Kriegsgebiet. Ich glaube aber sicher, daß es sich hier wieder festigen wird. Ich wünsche mir ja sehnlich, daß wir bleiben, für mich ist es hier am besten, wenn nur nicht aus der Luft herab etwas beschert wird.

Einige Tage zuvor hatten Truppen der Roten Armee die Grenze nach Ostpreußen überschritten, waren damit erstmals auf Reichsgebiet vorgedrungen und nurmehr rund siebzig Kilometer von der Wolfsschanze entfernt. Am 21. Oktober verübten Sowjetsoldaten in Nemmersdorf ein Massaker an der Zivilbevölkerung, über das (ab dem 27. Oktober) in den deutschen Medien intensiv und mit propagandistischer Verzerrung und Übertreibungen berichtet wurde.

So überrascht es nicht, dass sich Constanze nicht die Niederlage Deutschlands wünschte und sich an die Hoffnung klammerte, dass schon alles irgendwie gut gehen werde. Dennoch klingen auch diese Äußerungen trotz des saloppen Tons mehr verängstigt als überzeugt. Einmal mehr wird die passive, duldende Rolle deutlich, in die sie gedrängt war.

Constanzes Gemütslage wird damals ähnlich jener Traudl Junges gewesen sein, die ihre Gefühle in dieser Zeit in dem Satz zusammenfasst: „Ich glaubte ja immer noch, wir müssten siegen, weil sonst all die fürchterlichen Dinge passierten, von denen Hitler gesprochen hatte und die das Ende bedeuteten.“[32]

32 Junge/Müller, S. 151

Eine Frage, die wohl für immer unbeantwortet bleiben wird, ist die, was Constanze Manziarly als ständig in Hitlers engster Umgebung Beschäftigte von den Verbrechen des Regimes mitbekam, denen damals täglich Tausende Menschen zum Opfer fielen. Da die Zensur gerade hier jede schriftliche Äußerung stark behinderte, ja unmöglich machte, ist verständlich, dass sich in den Briefen dazu keine Andeutung findet. So bleibt auch hier nur, die gleichaltrige Traudl Junge als Zeugin aufzurufen. Diese beteuert unter anderem in ihrem Interview mit André Heller, dass sie trotz der unmittelbaren Nähe zum Machtzentrum nichts von den monströsen Untaten des NS-Staats, insbesondere dem Holocaust, realisierte, da sie sich von allen wichtigen Informationen abgeschnitten fühlte, sich „im toten Winkel" – so auch der Titel des Interviews – befand.[33]

Ähnlich, aber zumindest etwas differenzierter und mit einem selbstkritischen Ansatz, hat es Hitler-Leibwächter und Bunkertelefonist Rochus Misch auf den Punkt gebracht, ein, obwohl SS-Mann, damals wohl ähnlich apolitischer junger Mensch wie Traudl Junge und Constanze Manziarly: „Ich habe mich zur unbedingten Pflichterfüllung eigentlich nie überwinden müssen, nie mit mir gekämpft, nie gezögert. Nur ganz am Schluss, als ich umkam vor Sorge um meine Frau und meine Tochter, da habe ich überhaupt einmal den Gedanken gehabt, etwas Pflichtwidriges zu tun. (…) Ich war Soldat. Ich hatte meine Aufgaben, meine Anweisungen, meinen Platz. Und ich hatte einen guten Platz im Vergleich zu den Kameraden im Feld. Ich

33 Heller/Schmiderer

brachte Berge von Depeschen zu Hitler und vermittelte unzählige Gespräche, aber ich habe das große Ganze weder gesehen noch danach gesucht. Ich habe mich nicht darum bemüht. Ich habe keine Fragen gestellt, wenn man besser keine stellte, und man wusste immer, wann man besser keine stellt. Ich habe aber auch keine Fragen gestellt, wenn man dies hätte machen können. Ich sage es so, wie es ist: Der junge Rochus hatte wenig Fragen.“[34]

34 Misch, S. 17

REICHSKANZLEI UND ADLERHORST

Die militärischen Ereignisse an der Ostfront, deren Auswirkungen Constanze Ende Oktober 1944 in ihrem Brief beschrieb, hatten für sie und alle anderen im Führerhauptquartier einen Standortwechsel zur Folge. Im Zug der ersten Kurland-Schlacht waren sowjetische Truppen bei Libau an die Ostsee vorgestoßen. Damit war nicht nur die deutsche Heeresgruppe Nord im Baltikum abgeschnitten, sondern auch Ostpreußen und die Wolfsschanze direkt bedroht. Man entschloss sich zur Räumung des nun in Frontnähe liegenden Hauptquartiers. Kurz zuvor war auf dem Areal bei Rastenburg der neue Superbunker, der auch eine eigene Diätküche hatte, fertiggestellt worden. Auch an den meisten anderen Frontabschnitten stellte sich zu dieser Zeit die Lage als höchst prekär dar: Paris war bereits im August 1944 verloren gegangen. Im Oktober überschritten amerikanische Truppen an der Westfront die Reichsgrenze und eroberten mit Aachen die erste deutsche Großstadt. In Italien waren bereits Rom und Florenz in der Hand der Alliierten. Und im Spätsommer und Herbst hatten die Sowjets mit Offensiven im Süden der Ostfront einen Großteil des nördlichen Balkans unter ihre Kontrolle gebracht. Hitlers bisherige Verbündete Rumänien und Bulgarien scherten aus dem Bündnis aus, sowjetische Truppen standen in Jugoslawien und Ungarn.

Am 20. November 1944 brachte ein Sonderzug Hitler und seinen militärischen Stab sowie das übrige Personal von der Wolfsschanze nach Berlin. Man zog in die ausgedehnte Anlage der Alten und Neuen Reichskanzlei, wo sich der „Führer“, der meist zwischen dem Berghof, der Wolfsschanze und anderen Hauptquartieren gependelt war, in den zurückliegenden Kriegsjahren kaum aufgehalten hatte.

In einem Brief vom 1. Dezember 1944 informierte Constanze ihre Schwester mittels der vereinbaren Code-Wörter über ihren neuen Aufenthaltsort, der erst für seine neuen Bewohner hergerichtet werden musste. Und sie bedauerte den Abschied von der Wolfsschanze:

Hier ist es längst nicht so schön wie im Sanatorium. Überall wo viel weibl. Angestellte sind ist 1 richtige Weiberwirtschaft, da gefällt mir die rauhe, klare, frische Luft im Sanat. besser. Auch unterkunftsmäßig u. arbeitsmäßig war es dort 1malig gut. Das kommt nie wieder! Wir weinen Tränen nach dieser Stätte. Aber ich werde mich auch hier einleben u. denke immer etwas Besseres kommt nicht nach, alle Möglichkeiten für den nächsten Aufenthalt sind ungünstiger, also zufrieden sein! Gottlob habe ich hier 1 eigenen Arbeitsraum bekommen, in aller Eile umgebaut. Das ist für mich das wichtigste und beste.

In diesem Brief berichtet sie auch von einer Änderung, die eine Erleichterung für sie gewesen sein

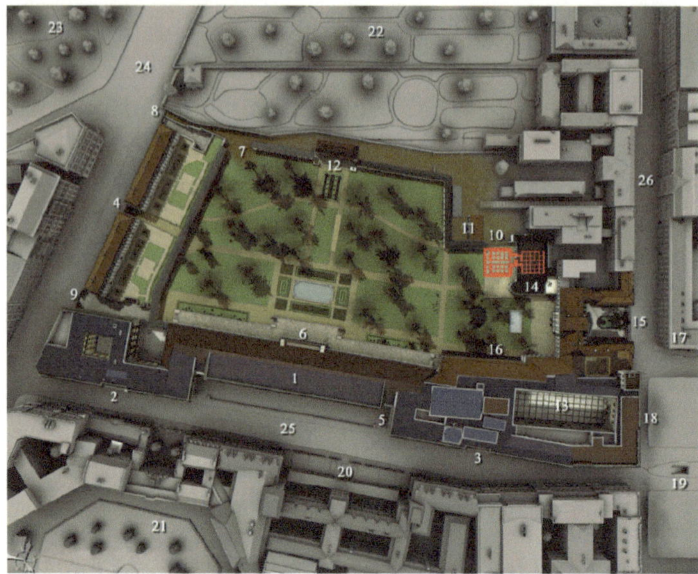

Lageplan Alte und Neue Reichskanzlei
Rot markiert: Führerbunker

1. Mittelbau mit Marmorgalerie
2. Eingang zur Reichskanzlei
3. Eingang zur Präsidialkanzlei
4. Kasernenbauten
5. Hebebühne zu den Katakomben
6. Gartenportal zu Hitlers Arbeitszimmer
7. Bauzufahrt zum Führerbunker
8. Zufahrt – Tiefgarage und Führerbunker
9. Einfahrt – Tiefgarage und Feuerwehr
10. Zufahrt Führerbunker
11. Haus Kempka
12. Gewächshaus
13. Ehrenhof
14. Festsaal mit Wintergarten
15. Alte Reichskanzlei
16. Speisesaal
17. Propagandaministerium
18. Erweiterungsbau zur Reichskanzlei
19. U-Bahn-Eingang Wilhelmplatz
20. Kaufhaus Wertheim
21. Leipziger Platz
22. Ministergärten
23. Tiergarten
24. Hermann-Göring-Straße
25. Voßstraße
26. Wilhelmstraße

muss: *Hier ist kein Tee für die Sekretärinnen und mich.* Die ermüdenden nächtlichen Einsätze als Statistinnen bei den Monologen Hitlers entfielen also vorerst.

Am 5. Dezember 1944 berichtete Constanze auch dem Vater, der sich zur Kur im Sanatorium Zabel in

Berchtesgaden befand, von ihren neuen Arbeits- und Lebensbedingungen, die zwar die erwähnte Erleichterung gebracht, aber keine grundlegende Verbesserung erfahren hatten:

An sich habe ich genau so viel Schlafzeit wie andere Menschen auch, besonders hier wo kein Tee für mich ist. Nur zu anderen Tageszeiten u. oft geteilt. Aber es macht mich halt besonders müde. Bei geistiger Arbeit würde ich mich bedeutend leistungsfähiger fühlen als bei körperlicher.

Stundenmäßig habe ich oft sogar weniger zu tun als das übrige Küchenpersonal, was mir viel Neid u. Nachrede einträgt. Das kümmert mich aber nicht. Dafür habe ich die große Verantwortung u. muß immer da sein, Sonntag, Werktag, Tag u. Nacht bereit ob etwas kommt.

Aus der ersten Dezemberhälfte 1944 stammen die letzten bekannten Briefe Constanze Manziarlys. Die letzte, an ihre Schwester Susanne gerichtete Nachricht wurde am 14. Dezember 1944 verfasst und enthält einen Hinweis auf einen weiteren Ortswechsel:

Ich werde durch unser Wandern auch oft schlagartig in primitivste Verhältnisse versetzt u. muß mich rasch zurechtfinden. Ich müßte verzweifeln, wenn ich es dann immer anders haben wollte als es ist.

Zur Zeit bin ich in einer „Heilanstalt" wo ich noch nie war. Wo ich Weihnachten verbringe ist noch ganz unklar, jedenfalls im Dienst. …

Bei der neuen „Heilanstalt" handelte es sich um das Führerhauptquartier Adlerhorst, ein Bunkerkomplex bei Bad Nauheim in Hessen. Dorthin, in die Nähe der Westfront, hatte sich Hitler mit seinem Stab am 10. Dezember 1944 begeben, um die bevorstehende Ardennen-Offensive in Belgien, den letzten deutschen

Großangriff gegen die Westalliierten, besser leiten zu können.[35]

Abgesehen von diesen Bemerkungen enthalten die letzten vier Briefe, die alle in der ersten Dezemberhälfte verfasst wurden, nur noch einen – allerdings vielsagenden – Hinweis auf die nervenaufreibenden Rahmenbedingungen ihres Dienstes. Am 2. Dezember schreibt Constanze:

Ich muß jetzt schließen, muß kochen. Es ist Mitternacht. Essen oft erst um 1 h oder 1/2 2 h. Furchtbar! Der Gipfelpunkt von unregelmäßigem, verschobenem Tagesablauf. Nach dem Essen noch Tee, aber hier ohne Sekretärinnen u. mich.

Ansonsten werden in den letzten Briefen nur noch private Angelegenheiten abgehandelt – es scheint, als hätte sich Constanze aus ihrem unerfreulichen Alltag in die Gedanken an ihre Familie und das bevorstehende Weihnachtsfest zu Hause, das ohne sie stattfinden würde, flüchten wollen. Sie gibt ihrem Vater Tipps zur Kur und ihrer Schwester wegen deren Gelbsucht, disponiert wegen verschiedener Weihnachtsgeschenke und sorgt sich einmal mehr um die Führung des Haushalts in Innsbruck. Und es geht wieder um die bekannten Engpässe: Sie fragt nach Kleiderkarten-Punkten für ein Mantelfutter und bittet die Schwester, ihr Stopfgarn für die Strümpfe zu schicken. Sie schreibt ausführlich darüber, dass sie von einem Kurierfahrer ein Paar modischer italienischer Lederschuhe gekauft hat, bietet aber an, sie der Schwester zu schicken, damit diese sie gegen *solide Schuhe nach unserem Geschmack* eintauschen soll. Der detaillier-

35 Zum „Adlerhorst" siehe: Sandner (2018), S. 258f

ten Beschreibung des wertvollen Tauschobjekts fügt sie sogar eine Zeichnung eines Schuhs hinzu.

Constanzes letzter Brief, geschrieben am 14. Dezember 1944, schließt mit dem Satz:

Kochbuch von Großmutter angekommen.

Darüber, warum keine weiteren Briefe vorhanden sind, kann man nur mutmaßen. Es ist möglich, dass nicht mehr alle Nachrichten die Familie erreichten oder

^ *Briefseite Constanzes mit der Zeichnung eines der italienischen Schuhe, die sie der Schwester zum Eintauschen schicken wollte.*

nicht erhalten geblieben sind. Möglicherweise sind Behinderungen und kriegsbedingte Einschränkungen im Postverkehr dafür verantwortlich, doch würde das bei einer Mitarbeiterin des Führerhauptquartiers überraschen. Es ist auch möglich, dass Constanze in den folgenden drei Monaten – eben aufgrund von Postproblemen – mit ihrer Familie nur noch telefonisch in Verbindung stand. In den Akten, die das Landesgericht Innsbruck im Zuge ihrer Todeserklärung im Jahr 1963 anlegte, wurde festgehalten, dass der letzte Telefonkontakt mit ihrem Vater im März 1945 stattfand.[36]

Obwohl weitere Selbstzeugnisse fehlen, lässt sich aus verschiedenen bruchstückhaften Quellen einigermaßen rekonstruieren, zum Teil auch erschließen, wie es Constanze Manziarly in den letzten Kriegsmonaten erging. Tatsächlich musste sie Weihnachten und den Jahreswechsel 1944/45 „im Dienst“ verbringen, und zwar im erwähnten Hauptquartier Adlerhorst. Wie sie das Christfest erlebte, wissen wir nicht. Zwar schreibt Traudl Junge, dass Weihnachten „im Hauptquartier kaum beachtet, von Hitler völlig ignoriert (wurde)“[37], doch vermerkt Sandner, dass es am Abend des 24. Dezember 1944 im Adlerhorst ein Weihnachtsfest gab.[38] Zudem ist aus den Notizen von Diener Linge bekannt, welche – zweifellos von Constanze zubereiteten – Speisen der „Führer“ am ersten Weihnachtsfeiertag, dem 25. Dezember 1944, zu sich nahm:

„Frühstück: Müsli, 3 Vitamultin (die von Dr. Morell verschriebenen umstrittenen Vitaminpillen, der Verf.)

36 Tiroler Landesarchiv, Innsbruck, Bestand Landesgericht Innsbruck, 1963, Todeserklärung Constanze Manziarly

37 Junge/Müller, S. 131

38 Sandner (2016), Bd. IV, S. 2287

Mittags: Nudelsuppe, Blumenkohl mit Butter und Brösel, Blätterteig, Kartoffelbrei

Nachmittags: Schokolade, Gebäck

Abends: Selleriesuppe, Grießsuppe, Weinschaum

Zum Tee: Selleriesuppe, belegte Brötchen, Gebäck"

Unter der Aufstellung notierte der Leibdiener: „Der F. hat gut gegessen!"

Weihnachten 1944 war die Ardennen-Offensive bereits gescheitert. Ziel war es gewesen, mit dem unerwarteten Vorstoß den Alliierten so schwere Verluste zuzufügen, dass sie einen Separatfrieden schließen müssten. Der Großangriff hatte zwar eine „Beule" in die amerikanische Front geschlagen (weshalb die Winterschlacht in den Ardennen in den USA „Battle oft the bulge" genannt wird), brachte aber weit weniger Geländegewinne als erhofft und blieb schließlich stecken. Das angepeilte Ziel, der Hafen von Antwerpen, wurde nicht erreicht. Neben dem hartnäckigen

^ *Führerhauptquartier Adlerhorst: Aufriss des Gebäudes I mit Hitlers Schlaf- und Arbeitszimmer sowie Bad und Toilette*

Widerstand der Amerikaner besiegelten vor allem Material- und Treibstoffmangel das Schicksal der deutschen Angreifer.

In den ersten Tagen des neuen Jahres 1945 war auch Hitler endgültig klar, dass die Offensive im Westen gescheitert war. Zudem trafen neuen Krisenmeldungen von der Ostfront ein: Die Sowjets, die Budapest eingeschlossen hatten, rückten gegen West-Ungarn und die Grenze nach Österreich vor und bedrohten damit die letzten Erdölreserven des Reiches. Bereits stark dezimierte Truppen wurden in aller Eile von der Ardennen-Front abgezogen und von Belgien nach Ungarn verlegt. Luftwaffenadjutant Nicolaus von Below berichtete später, dass Hitler schon Ende Dezember einen „völlig verzweifelten Eindruck" gemacht und den Satz ausgesprochen habe: „Ich weiß, der Krieg ist verloren." In seiner Neujahrsansprache an das deutsche Volk gab er sich jedoch überzeugt, dass man den „Schicksalskampf" bestehen und die Krise meistern werde.[39]

Am 15. Januar 1945 wurde das Führerhauptquartier zurück nach Berlin verlegt. Die Entscheidung für die Reichshauptstadt kam überraschend. Alle hatten geglaubt, dass man als nächstes im Berghof Quartier nehmen würde. Sogar Martin Bormann war von Hitlers kurzfristiger Entscheidung überrascht worden. Dachte der „Führer" schon zu diesem Zeitpunkt an ein „großes Finale" in würdigem historischem Rahmen? Es wurde umdisponiert. Nach einer nächtlichen Fahrt mit seinem Sonderzug traf Hitler mit Gefolge in Berlin ein, wo er für den Rest des Krieges, bis zum bitteren Ende, bleiben sollte.

39 Sandner (2018), S. 281 und 291

IM FÜHRERBUNKER

Berlin war auch für Constanze Manziarly die letzte Station ihres Lebens.

Ihre Tätigkeit als Diätköchin Adolf Hitlers dauerte etwas mehr als ein Jahr. Dabei versah sie ihren Dienst in folgenden Hauptquartieren und Aufenthaltsorten:

- Von ihrem Eintritt (vermutlich) im März 1944 bis zum 14. Juli 1944 im Berghof auf dem Obersalzberg bei Berchtesgaden
- Vom 14. Juli 1944 bis zum 20. November 1944 in der Wolfsschanze bei Rastenburg in Ostpreußen
- Vom 21. November 1944 bis zum 10. Dezember 1944 in der Reichskanzlei in Berlin
- Vom 11. Dezember 1944 bis zum 15. Januar 1945 im Adlerhorst bei Bad Nauheim in Hessen
- Vom 16. Januar bis zum 2. Mai 1945 (ihrem vermutlichen Todestag) wieder in Berlin[40]

Während dieser Zeit hatte sie keinen Urlaub und auch von freien Tagen ist nichts bekannt.

40 Die Auflistung orientiert sich an Hitlers jeweiligen Aufenthaltsorten, die sich in der Literatur finden, etwa bei Sandner (2016), Band IV. Dass Constanze Manziarly an allen diesen Stationen dabei war, geht aus ihren Briefen hervor.

Hitler und seine Mitarbeiter kamen in eine von vielen schweren Luftangriffen zerstörte Stadt und bezogen wieder in der Reichskanzlei Quartier. Auch diese war bereits von Bombenschäden gezeichnet. Laut ihrer Schwester Susanne Schiessl wurde auch Constanzes Zimmer im Reichskanzlei-Areal durch Bomben zerstört – ein Ereignis, das sie schockiert haben muss und das ihren bisher schon bestehenden Kleidernotstand noch we-

^ *Bombenschäden durch alliierte Luftangriffe: Neue Reichskanzlei (oben) und U-Bahnhof Hausvogteiplatz, März 1945*

sentlich verschlimmerte. Vielleicht geschah das am 3. Februar 1945, als Berlin von einem der schwersten Angriffe überhaupt getroffen wurde, einem Inferno, das als die „schlimmsten fünfzig Minuten in der Geschichte Berlins“ beschrieben wird. Angeblich fielen dabei 58 Sprengbomben auf das Reichskanzlei-Areal. Sekretärin Christa Schröder schrieb in ihren Erinnerungen über die Bombardierungen: „Jedesmal, wenn eine Bombe in der Nähe einschlug, schwankte der im Grundwasser liegende Bunker spürbar. Begann das Licht zu flackern, meinte Hitler: ‚Das war in der Nähe. Die Bombe hätte uns treffen können.‘“[41]

Die Reichskanzlei, bestehend aus dem alten und dem während Hitlers Herrschaft errichteten neuen Teil, war ein weitläufiger Repräsentationsbau mit unzähligen Räumen und, ähnlich wie die anderen Hauptquartiere, eine Art „Stadt in der Stadt“, in der sich zu Kriegsende mehrere Tausend Menschen auf-

41 Kellerhoff, S. 25; Schröder/Joachimsthaler, S. 199

^ *Neue Reichskanzlei – Blick von der Voßstraße auf das am 9. Januar 1939 eingeweihte Gebäude, 1940*

hielten. Die großzügige Unterkellerung wurde 1945 für Lazarett- und Luftschutzräume genutzt.

Im Januar 1945 zog Hitler in seine ursprünglichen Wohn- und Arbeitsräume ein, soweit diese noch benutzbar waren. Dort schlief er vorerst auch, nahm seine Mahlzeiten ein und hielt die Lagebesprechungen ab. Wie alle Führerhauptquartiere verfügte auch die Reichskanzlei über eine besonders sichere Luftschutzanlage für den Diktator und seinen Mitarbeiterstab. Dieser Führerbunker, der sich unter dem Garten des angrenzenden Auswärtigen Amts befand, wurde anfangs nur bei Luftangriffen aufgesucht. Mit der Zeit – ständig ab dem 28. Februar – nächtigte Hitler auch dort, um bei Luftalarm nicht den Schlaf unterbrechen und dorthin flüchten zu müssen. Und schließlich verlagerten sich immer mehr Aktivitäten des Führungsstabs in das unterirdische Labyrinth – aus Sicherheitsgründen, aber auch, weil in der Reichskanzlei immer mehr Räume unbewohnbar wurden.

^ *Hitlers 9,75 Meter hohes Arbeitszimmer lag zentral im Mittelteil der drei Flügel der Neuen Reichskanzlei*

Für den ständigen Aufenthalt eines so komplexen Apparats, wie ihn Hitlers oberste Kommandostelle darstellte, war dieses Bauwerk allerdings beengt und in keiner Weise ausgerichtet. Es war nur für kurze Aufenthalte während der Luftangriffe konzipiert. Der Führerbunker bestand aus zwei Teilen: dem bereits 1935/36 angelegten Vorbunker und dem damit über eine Treppe verbundenen, etwas tiefer liegenden und mit einer noch massiveren Deckplatte aus Stahlbeton ausgestatteten Hauptbunker. Dieser war erst 1943/44 gebaut worden. Beide Teile ähnelten sich vom Grundriss her und umfassten jeweils etwa zwanzig relativ kleine Räume. Dazu kamen die etwas größeren Vorräume und Flure, die später ebenfalls für verschiedene Aktivitäten, etwa Lagebesprechungen, genutzt wurden.[42]

Der unterirdische Betonbau war der Schauplatz des bizarren Dramas rund um Hitlers letzte Lebenswo-

42 Detaillierte Informationen zum Führerbunker finden sich u.a. bei Joachimsthaler, Bahnsen/O'Donnell, Kellerhoff und Sandner (2018).

^ *Hitlers mit Intarsien verzierter Schreibtisch im 400 Quadratmeter großen Arbeitszimmer der Neuen Reichskanzlei*

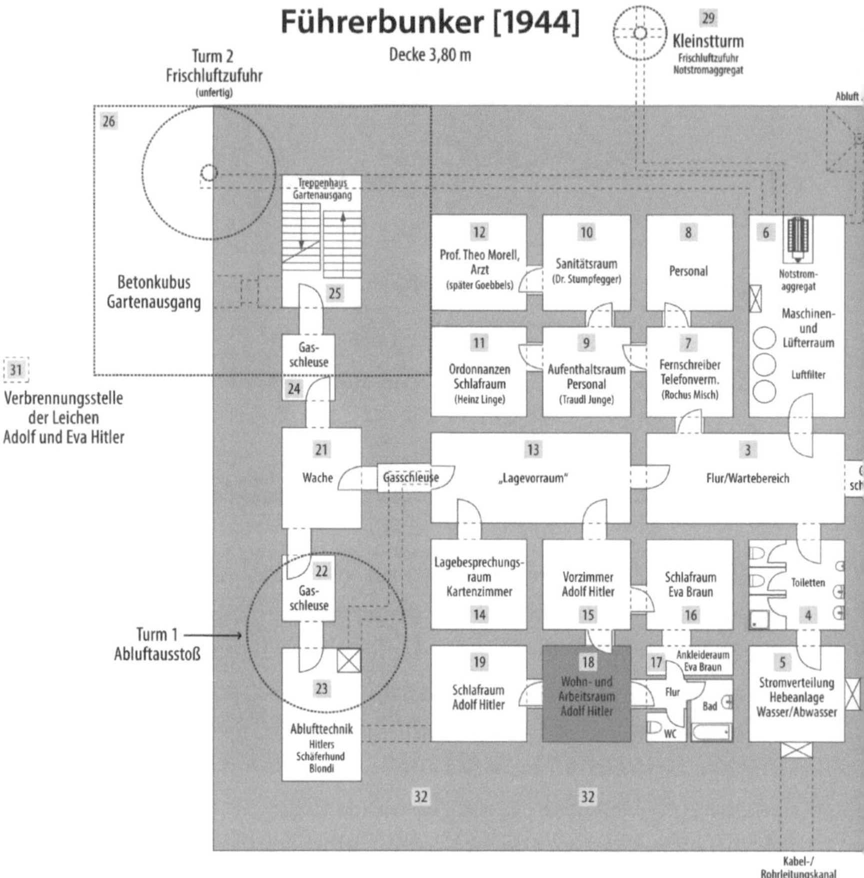

chen und sein Ende, jenes dramatischen Showdowns des Dritten Reichs, der bereits unzählige Male Gegenstand von wissenschaftlichen Abhandlungen, Zeitzeugenberichten, Zeitungsreportagen, TV-Dokumentationen und Spielfilmen war.

Hitlers letztes Refugium und letzte Wirkungsstätte war der Hauptbunker, wo auch Constanze Manziarly ein- und ausging. Ihre Diätküche, zu der ein kleiner Vorratsraum gehörte, befand sich im Vorbunker. Die-

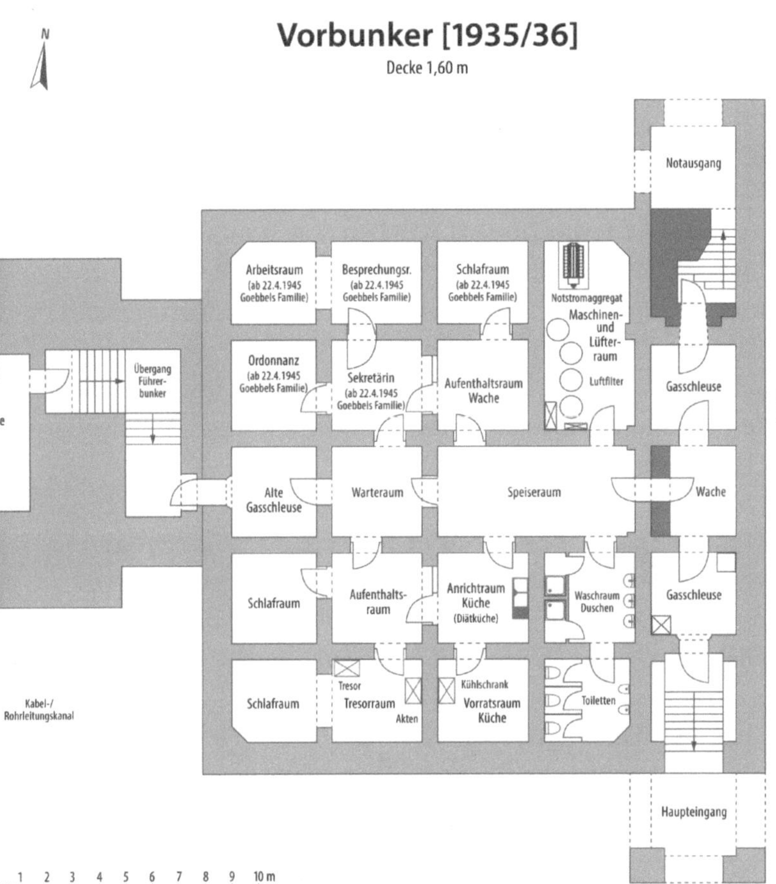

se kleinen Küchenräume entwickelte sich zu einem Treffpunkt der Bunkerinsassen, besonders der jungen Frauen. Zwischen Constanze Manziarly, den Sekretärinnen Traudl Junge und Gerda Christian sowie Eva Braun scheinen sich in dieser Zeit freundschaftliche Beziehungen entwickelt bzw. bereits bestehende Freundschaften vertieft zu haben. Constanzes Nachtlager war, wie das der Sekretärinnen, vorerst nicht im Führerbunker, sondern in den Luftschutzräumen unter der Reichskanzlei, die über einen unterirdischen Korridor zu erreichen waren. Allerdings dürfte sie dort nur stundenweise und unregelmäßig zum Schlafen gekommen sein. Denn besonders in der Endphase des Krieges hatte sich in dieser gespenstischen Unterwelt ein Lebens- und Arbeitsrhythmus eingestellt, in dem Unterschied zwischen Tag und Nach kaum mehr wahrgenommen wurde. Erst in den letzten Apriltagen übersiedelten die Sekretärinnen und wahrscheinlich auch Constanze ganz in den Bunker, sie schliefen auf Matratzen auf dem Boden eines Besprechungsraums.[43]

Als der „Führer" und sein militärisches und ziviles Gefolge in das Bunker- und Kellerlabyrinth einzogen, war der Hauptbunker gerade erst fertiggestellt worden, der Beton noch nicht völlig getrocknet. Zusätzlich sorgten Grundwasserprobleme für Feuchtigkeit. Wie Zeitzeugen berichten, war es hier stets muffig, was zur apokalyptischen Atmosphäre der „Götterdämmerung" des Dritten Reichs beitrug. Feuchte Wände, niedrige Decken, schlechte Belüftung und Beleuchtung und der Geruch nach Dieselabgasen der Aggregate und menschlichem Schweiß wirkten bedrückend.

Telefonist Rochus Misch schreibt über den Führerbunker, der ab April 1945 sein ständiger Arbeitsplatz war: „Ich war nie klaustrophobisch, aber seit den Tagen dort unten weiß ich, was das ist – Angst vor Enge." Und weiter: „Zwar herrschte mittlerweile überall eine düster-deprimierte Stimmung, aber im Tiefbunker war es einfach am allerschlimmsten. Jedem, der zu uns hinuntermusste, standen die gleichen Gedan-

43 Junge/Müller, S. 194

ken ins Gesicht geschrieben: Das ist hier wie in einer Totengruft."[44]

Auch Traudl Junge beschreibt die Situation in dieser gespenstischen Unterwelt: „Wir mussten mit Hitler in seinem kleinen Wohn- und Arbeitszimmer im Bunker essen. Es war ein winziger Raum, der im tiefsten Kern des neuen Führerbunkers lag. Wenn wir nicht vom Park aus direkt durch das Treppenhaus heruntersteigen in die unterirdische Festung, mussten wir durch die Küche der Führerwohnung und etliche verschlungene Korridore in den früheren Luftschutzkeller hinuntersteigen. Dann gelangte man in einen breiten Korridor, der rechts und links verschiedene Mannschaftsräume und Zimmer barg, und von hier aus wieder einige Treppenabsätze tiefer in den eigentlichen neuen Führerbunker. Schwere Eisentüren führten zu einem breiten Gang. Links eine Tür zu den Toiletten, rechts der Maschinenraum mit den Licht- und Lüftungsanlagen, dann kam die Tür zur Telefonzentrale und zum Dienstzimmer. Von hier aus ging es weiter zu einem allgemeinen Aufenthaltsraum, den man durchqueren musste, wenn man in das Zimmer Professor Morells, den Arztraum und einen kleinen Schlafraum für die Mannschaften gelangen wollte. Dieser Teil des Bunkers war wieder durch schwere Eisentüren zu schließen, die aber meist offen standen. Danach kam der Teil des Korridors, der zu Hitlers Räumen führte. Er wurde gleichzeitig als Warte- und Aufenthaltsraum benutzt. Ein breiter roter Läufer bedeckte die Steinfliesen. An der rechten Längswand hingen kostbare Gemälde, die aus den oberen Räumen der

44 Misch, S. 193f

Führerwohnung und der Reichskanzlei hierher in Sicherheit gebracht worden waren. Schöne Sessel standen in Reih und Glied darunter. Von diesem Korridor aus führten also die Türen zu Hitlers Räumen. Sein Arbeitszimmer betrat man vom Gang aus durch einen kleinen Vorplatz. Es war ein etwa drei mal vier Meter großer Raum mit einer niederen Decke, die aufs Gemüt drückte. Wenig Mobiliar fand darin Platz. Rechts neben der Tür stand ein Schreibtisch an der Wand, gegenüber ein kleines Sofa mit blau-weiß-gemusterten Leinenpolstern, das eher eine Sitzbank war. Davor ein viereckiger Tisch und drei Sessel. Ein kleines Tischchen, rechts vom Sofa, auf dem ein Radio stand, vervollständigten die Einrichtung. Rechts führte eine Tür zu Hitlers Schlafzimmer, das keinen eigenen Eingang vom Korridor aus hatte."[45]

Mehrere Zeitzeugen erwähnen als auffällige Ausstattung von Hitlers Wohnraum ein Ölgemälde, das den Preußenkönig Friedrich den Großen zeigte, Hitlers bewundertes Vorbild.

In den letzten Kriegswochen wurde diese düstere und beengte Unterwelt ständig von Dutzenden Menschen bevölkert, die hier verkehrten, arbeiteten, aßen und teilweise auch wohnten. Neben dem psychisch und physisch angeschlagenen Hitler und Eva Braun drängten sich in der Betongruft Stabsoffiziere, Ordonnanzen, Leibwächter, Sekretärinnen, Telefonisten, medizinisches Personal – und Constanze Manziarly, die Diätköchin.

Sie dürfte, was die Ernährung Hitlers betraf, in dieser Zeit vor noch größeren Herausforderungen gestan-

---

45 Junge/Müller, S. 174f

den haben als zuvor, hatte sich seine Gesundheit doch zusehends verschlechtert. Neben den bereits erwähnten Magen- und Darmproblemen, für die ein chronischer Reizdarm verantwortlich gewesen sein könnte[46], hatte der Diktator schon lange mit einer Reihe von gesundheitlichen Problemen zu kämpfen. Besonders nach dem Attentat vom 20. Juli 1944, das er leicht verletzt überstand, verschlechterte sich – parallel zur psychischen – auch seine körperliche Verfassung. Über die Krankheiten Hitlers existiert eine kaum überschaubare Flut von Literatur, die sich meist auf die teilweise erhalten gebliebenen Aufzeichnungen seines Leibarztes Theodor Morell und die Erinnerungen und Aufzeichnungen weiterer Ärzte, die ihn behandelten, stützen.[47] In diesen Werken werden, vor allem für die Jahre ab 1943, eine ganze Reihe von tatsächlich belegten und möglichen Erkrankungen aufgelistet. Die Rede ist von Mittelohrentzündungen und anderen Infekten, kolikartigen Bauchschmerzen und erheblichen Zahnproblemen. Weiter plagten Hitler in dieser Zeit Polypen an den Stimmbändern, Bluthochdruck, Kreislaufprobleme, Schwäche- und Schwindelanfälle, Herzattacken infolge von Koronarsklerose und eine Glaskörperblutung im Auge. Und in den letzten Lebensmonaten glaubten einige Beobachter auch Anzeichen einer Parkinsonerkrankung zu erkennen. Das starke Zittern der linken Hand wurde zur Dauererscheinung. Dr. Morell behandelte die meisten Beschwerden massiv mit Medikamenten sowie Stimulanz- und Beruhigungsmitteln, deren Einsatz schon von den Zeitgenossen als problematisch gesehen wurde.

46 Neumann/Eberle, S. 190f
47 Z. B. bei Schenck, Neumann/Eberle und Neumayr.

Noch einprägsamer und erschreckender als seine Krankheitsanfälligkeit war für die Zeitzeugen in den letzten Kriegsmonaten Hitlers psychischer Zustand, ja Zusammenbruch, mit dem der körperliche Verfall Hand in Hand ging und allgemein sichtbar wurde. Übereinstimmend wird berichtet, dass der „Führer", der einst mit seinem entschlossenen Auftreten und seiner bedrohlichen Dominanz beeindruckt und eingeschüchtert hatte, nurmehr ein Schatten seiner selbst war – krankhaft misstrauisch und beherrscht von starken Stimmungsschwankungen zwischen dumpfer Depression und Anfällen von Wut.

Goebbels' Pressereferent Wilfred von Oven schreibt über ein Zusammentreffen mit Hitler am 5. August 1944: „Er ist ein alter Mann geworden. Er geht langsam und tiefgebeugt wie unter einer schweren Last. Sein Gesicht ist schlaff und von unzähligen Falten durchzogen. Seine Hände zittern, was er dadurch – vergeblich – zu verbergen versucht, daß er sie ständig tief in seinen Rocktaschen vergräbt."[48]

Im Lauf der nächsten Monate verschlimmerte sich als Folge der vielen militärischen und politischen Rückschläge der sieche Eindruck, den Hitler seiner Umgebung bot, dramatisch. Ende April 1945 traf Hitler mit den SS-Ärzten Werner Haase und Ernst Günther Schenck zusammen. Schenck hielt über die Begegnung fest: „Wie ein Hammerschlag fuhr es auf mich nieder: Ich blickte auf das Ende und sah ihm ins Auge. In solcher Nähe hatte ich Hitler bisher nicht gegenübergestanden; dieser Mann unten war nicht einmal ein Hauch dessen, den Millionen Bilder ge-

48 Oven, S. 450

zeigt hatten. Wohl trug er einen grauen Rock mit dem goldenen Hoheitszeichen und dem Eisernen Kreuz an der linken Brustseite, auch die lange schwarze Hose; aber der Mensch, der in diesem Tuch steckte, war unvorstellbar tief in sich selbst zurückgefallen. Ich sah hinab auf einen gekrümmten Rücken mit sich abhebenden Schulterblättern, aus dem er den Kopf fast gequält hob, als er Haase anblickte. Ein Gebirge lag auf ihm und machte, daß er mit Mühe zwei Stufen weiterstieg. Das Auge, das er auf mich richtete, starrte schmerzhaft. Es schaute nicht mehr strahlend, das Weiße war getrübt, keine Mine bewegte sich in einem Gesicht, in welchem Augensäcke beherrschend und entlarvend von entflohenem Schlaf zeugten. Tief eingegraben liefen Falten von Nasenflügeln zu Mundwinkeln. Der Mund blieb geschlossen, die Lippen aufeinandergepreßt. Die Bewegung, mit der er meine Hand forderte und sie drückte, war Reflex. Der Mann lebte noch, aber als Wesen auf der untersten Sohle des Daseins – nahe daran, über sie hinweg dorthin zu treten, wo dann gar nichts mehr war.“[49]

Doch zurück zur Chronologie der Ereignisse. Im Februar 1945 eroberten die Sowjets den Großteil der deutschen Ostprovinzen Schlesien und Pommern und standen jetzt an der Oder. Das ohnehin schon stark zerbombte Berlin erlebte mehrere massive Luftangriffe, die Hitler am 28. Februar dazu veranlassten, ganz in den Führerbunker zu übersiedeln und dort die Nächte zu verbringen. Die dramatischen Ereignisse hielten ihn aber nicht davon ab, im Februar Gästen mehrmals das Modell von Linz zu präsentieren, das

49 Schenck, S. 400

in einer Halle der Alten Reichskanzlei aufgestellt war. Hier erläuterte er Besuchen den geplanten monumentalen Ausbau seiner Heimatstadt, die er zu seinem Alterssitz auserkoren hatte.[50]

Im März folgte eine Hiobsbotschaft von der Front auf die nächste: Am 7. überschritten die Amerikaner den Rhein, nachdem sie die Eisenbahnbrücke von Remagen im Handstreich eingenommen hatten. Damit war die letzte große Barriere im Westen gefallen. Kurze Zeit später scheiterte die deutsche Plattensee-Offensive in Ungarn und die Rote Armee startete ihren Angriff Richtung Wien, das sie im April eroberte.

Am 3. März 1945 unternahm Hitler seine letzte Ausfahrt: Er stattete der nur noch achtzig Kilometer von Berlin entfernten Ostfront einen Besuch ab. Dort hatte man an der Oder die letzte Abwehrfront vor der Hauptstadt zusammengezogen. Die wenigen einsatzfähigen Truppen bereiteten sich auf den Angriff der Roten Armee vor. Am 20. März hatte der „Führer“ seinen letzten öffentlichen Auftritt: Im Garten der Reichskanzlei zeichnete er zwanzig Jugendliche der HJ aus, die sich bei den Kämpfen im Osten bewährt hatten. Der jüngste war zwölf Jahre alt. Das gespenstische Szenario wurde gefilmt und in der Wochenschau in den Kinos gezeigt. In den Filmszenen – vor allem dem nicht verwendeten Material – sieht man deutlich Hitlers stark zitternde Hand, die er auf dem Rücken zu verbergen sucht.

Bereits zuvor, am 7. März, hatte die Schicksalsgemeinschaft im Bunker unter der Reichskanzlei prominenten Zuwachs bekommen: Eva Braun war, angeb-

---

50 Sandner (2016), S. 2311ff

lich gegen Hitlers Willen, von München angereist und übernahm ihre Rolle als die Frau, die den „Führer“ auf dem Weg in den Untergang begleitete.

Im Februar und März hatten die Lagebesprechungen und Hitlers Mahlzeiten meist noch in der Reichskanzlei stattgefunden, im Lauf des April verlagerte sich jedoch nahezu das gesamte dienstliche und private Leben in den Bunker.

In dieser letzten Phase des Bunkerdaseins bürgerte es sich immer mehr ein, dass Hitler die Mahlzeiten im kleinen Kreis mit Constanze Manziarly und seinen Sekretärinnen einnahm. Die früheren großen Tischrunden hatten sich in den letzten Kriegswochen stark reduziert, ja eigentlich aufgelöst. Ein für das Servieren der Mahlzeiten zuständiger SS-Mann, Oberscharführer Erwin Jakubeck, gab später zu Protokoll: „Ab dem 21. April 1945 sind die Mahlzeiten ständig im kleinsten Kreis (Hitler, Eva Braun, Frau Christian, Frau Junge und Fräulein Manziarly, von uns scherzweise ‚Fräulein Marzipani‘ genannt) im Arbeitszimmer Hitlers eingenommen worden, wobei die Bedienung ausschließlich durch Linge erfolgte, während ich die Speisen und Getränke nur bis zum Vorraum zu bringen hatte.“[51]

In einer anderen Darstellung heißt es über die Tischgewohnheiten in Hitlers letzten Lebenswochen: „Männer waren dabei nicht mehr erwünscht; zu den Mahlzeiten ... suchte Hitler nur noch weibliche Gesellschaft. Die Frauen seiner Umgebung entsprachen, so schien es, seiner Vorstellung von ‚Treue auch in Tagen des Unglücks‘ offenbar mehr als die Parteiführer,

51 Zitiert bei Joachimsthaler S. 218. (Frau Christian ist die Sekretärin Gerda Christian, Linge Hitlers Kammerdiener Obersturmbannführer Heinz Linge.)

Generale und Minister, in deren Mienen und Handlungen, Goebbels ausgenommen, er kaum noch etwas anderes als Verräterei und auf die Rettung der eigenen Haut bedachtes Kalkül zu erkennen vermochte."[52]

Auch Teegesellschaften, zu denen die Frauen offenbar wieder eingeladen waren, hielt der schlaflose Hitler noch regelmäßig ab. Allerdings hatten sich die Gesprächsinhalte geändert. Sekretärin Christa Schröder notierte: „Die Dinge, über die er jetzt noch gern diskutierte, wurden von Mal zu Mal platter und uninteressanter. Er sprach nicht mehr über Kirche, Rassenprobleme, wirtschaftliche und politische Fragen, von nordischem und deutschem Wesen, vom alten Griechenland oder vom Werden und Vergehen des römischen Staatsvolkes. Er, der sich leidenschaftlich für alle naturwissenschaftlichen Probleme, für Zoologie und Botanik und die Entwicklung des Menschengeschlechtes interessiert hatte, sprach in den letzten Monaten nur noch über Hundedressur, Ernährungsfragen und die Dummheit und Schlechtigkeit der Welt."[53]

Zum endgültig letzten Akt des Führerbunker-Dramas hob sich der Vorhang am 16. April 1945, als der lange erwartete Großangriff der Roten Armee auf die Oderfront losbrach. Damit war auch die Schlacht um Berlin eröffnet. Am Tag zuvor hatte Constanze Manziarly ihren 25. Geburtstag gefeiert. Wenig überraschend durchbrach die geballte Macht der mit einer Million Soldaten und Tausenden Geschützen angetretenen Sowjetarmee die deutsche Front bei den Seelower Höhen nach wenigen Tagen. Sie stieß bis nach

52 Bahnsen/O'Donnell, S. 29
53 Schröder/Joachimsthaler, S. 198

Oranienburg vor, das sie am 19. April erreichte. Die Distanz zwischen den Spitzen der Roten Armee und dem Zentrum von Berlin betrug jetzt noch dreißig Kilometer. Dass fast zugleich, am 17. April, im „Ruhrkessel" an der Westfront mehr als 300.000 deutsche Soldaten vor den Alliierten kapitulierten und in Gefangenschaft gingen, wurde im Bunker angesichts der Entwicklungen vor den Toren Berlins wohl nur noch nebenbei zur Kenntnis genommen.

Nun stellte sich die drängende Frage, ob der „Führer" und sein Stab Berlin verlassen und im Süden, auf dem Berghof oder sonst wo in der sogenannten (nur als Propaganda-Phantom existierenden) „Alpenfestung", ein neues Hauptquartier beziehen sollten. Für Constanze blitzte die Chance auf, zumindest in die Nähe ihrer Heimatstadt Innsbruck zu kommen. Die Entscheidung war einige Zeit in Schwebe, was bei den Bunkerbewohnern hektische Betriebsamkeit und trügerische Hoffnungen auslöste. Es wurde bereits gepackt. Am 20. April, Hitlers Geburtstag, musste Constanze auf Weisung Martin Bormanns die diätischen Lebensmittel bis auf einen Vorrat für wenige Tage verpacken. Dann wurde der Entschluss des „Führers" bekannt, dass er doch in Berlin bleiben und hier „siegen oder untergehen" wolle.

Adolf Hitlers gespenstische Geburtstagsfeier am 20. April 1945 – er wurde 56 Jahre alt – fehlt nirgendwo in der Führerbunker-Literatur. Schon kurz nach Mitternacht traten Mitarbeiter und Bedienstete zur Gratulation an. Am Vormittag, als bereits Geschützdonner zu hören war und erste russische Granaten im Zentrum von Berlin einschlugen, folgten als Gratulanten Offiziere und NS-Funktionäre, darunter auch Größen des

Dritten Reichs wie Goebbels, Himmler, Göring, Speer und Ribbentrop sowie einige Diplomaten. Die letzte Eintragung im Gästebuch stammt vom thailändischen Gesandten. Hitler nahm die Glückwünsche zurückhaltend, ja unwillig entgegen. Abends gab es eine kleine Feier, bei der die engsten Vertrauten, darunter auch Constanze Manziarly, mit Hitler zusammengedrängt in dessen kleinem Bunkerarbeitsraum saßen. Ausnahmsweise durfte sogar Sekt getrunken werden. Die Feierlaune wurde jedoch getrübt, weil Hitler den Anwesenden bei dieser Gelegenheit die Mitteilung machte, dass er Berlin nicht verlassen werde. So schreibt jedenfalls Traudl Junge in ihren Erinnerungen. Andere Bunkerbewohner berichten, dies erst am 22. April erfahren zu haben. Der „Führer" kündigte aber an, dass er seinen Stab reduzieren und einen Teil seiner Mitarbeiter nach Süden schicken werde.

Der 22. April 1945 wurde für die Geschehnisse im Führerhauptquartier und speziell auch für Constanze Manziarly zu einem Schlüssel- und Schicksalstag. Traudl Junge schreibt, dass bei der mittäglichen Lagebesprechung Hitlers mit seinen Stabsoffizieren große Hektik und Aufregung herrschten, was auch außerhalb des Konferenzraumes zu hören war. Schließlich öffnete sich die Tür und der „Führer" ließ die Frauen seiner engsten Umgebung rufen und eröffnete ihnen: „Ziehen Sie sich sofort um. In einer Stunde geht ein Flugzeug, das Sie nach Süden bringt. Es ist alles verloren, hoffnungslos verloren."

Eva Braun bekundete augenblicklich, Hitler nicht verlassen zu wollen. Ihr schlossen sich spontan die Sekretärinnen Traudl Junge und Gerda Christian an – und Constanze Manziarly.

In Traudl Junges Erinnerungen ist Folgendes über diesen Moment zu lesen: „Eva Braun löst sich als erste aus der Erstarrung. Sie geht auf Hitler zu, der schon die Hand an die Klinke seiner Tür gelegt hat, nimmt seine beiden Hände und sagt lächelnd und tröstend, so wie man einem traurigen Kind zuredet: ‚Aber du weißt doch, dass ich bei dir bleibe. Ich lasse mich nicht wegschicken.' Da beginnen die Augen Hitlers von innen her zu leuchten, und er tut etwas, was noch keiner, auch nicht seine vertrautesten Freunde und Diener, je erlebt haben: Er küsst Eva Braun auf den Mund, während draußen die Offiziere stehen und darauf warten, entlassen zu werden. Ich will es gar nicht sagen, aber es kommt von selbst; ich will nicht hierbleiben und ich will nicht sterben, aber ich kann nicht anders. ‚Ich bleibe auch', sage ich."

Einige Seiten später kommt die Sekretärin noch einmal auf diese Situation zu sprechen und ergänzt die Schilderung:

„Fast gleichzeitig sagten wir: ‚Wir bleiben auch hier!' Hitler blickte uns einen Moment an: ‚Ich befehle Ihnen, wegzugehen.' Aber wir schüttelten den Kopf. Da gab er uns die Hand. ‚Ich wollte, meine Generale wären so tapfer wie Sie', sagt er noch. Auch Fräulein Manziarly, die stille kleine Frau, die eigentlich Lehrerin werden wollte, die keinerlei Verpflichtungen hatte hier zu bleiben, wollte Berlin nicht verlassen."[54]

In ihren Erinnerungen und auch im Interview mit André Heller fragte sich Traudl Junge vergeblich nach einer befriedigenden Erklärung für diese spontane Entscheidung. Sie führt Mitleid für Hitler und das Gefühl an, nicht als Gescheiterte heimkehren zu wollen, bleibt

54 Junge/Müller, S. 180 und 184

aber letztlich ratlos, warum sie und ihre Kolleginnen so reagiert hatten. Dass dabei gruppendynamische Prozesse innerhalb der Schicksalsgemeinschaft der jungen Frauen eine Rolle gespielt haben werden, liegt nahe. Besonders dürfte das bei Constanze der Fall gewesen sein, deren gefühlsmäßige Bindung an Hitler und das Führerhauptquartier die zeitlich kürzeste und, wie ihre Briefe erkennen lassen, nicht sehr intensiv war.

Einige Mitarbeiterinnen und Mitarbeiter hatte Hitler bereits am Tag zuvor nach Süden bringen lassen, darunter die beiden älteren Sekretärinnen Christa Schröder und Johanna Wolf. Von Christa Schröder existiert darüber eine Schilderung, die – bei allem Pathos von Traudl Junges Zeilen – das Verhältnis des „Chefs" zu seinen jüngeren Mitarbeiterinnen und deren Schicksal etwas relativiert: „Nun sagte er zu uns: ‚Die Lage hat sich in den letzten Tagen so verändert, dass ich mich gezwungen sehe, meinen Stab aufzulockern. Da Sie die Älteren sind, machen Sie den Anfang. In einer Stunde geht ein Wagen in Richtung München. Zwei Koffer können Sie mitnehmen, das Weitere sagt Ihnen Reichsleiter Bormann.'

Ich bat, da ich keine Familienangehörigen besaß, er möge statt meiner die jüngere Kollegin fahren lassen, deren Mutter in München lebt. ‚Nein, ich will später eine Widerstandsbewegung gründen und dazu brauche ich Euch beide. Ihr seid mir die Wertvollsten. Wenn es zum äußersten kommt, werden die Jungen immer durchkommen. Frau Christian wird sich auf jeden Fall durchschlagen und wenn eine der Jungen draufgeht, so ist das eben Schicksal!'"[55]

---

55 Schröder/Joachimsthaler, S. 200

Warum Hitler die verbliebenen jungen Frauen dann aber doch noch evakuieren lassen wollte, wird deutlich, wenn man sich vor Augen führt, was sich in der vorausgegangenen Lagebesprechung ereignet hatte. Bisher war der physisch und psychisch stark beeinträchtigte „Führer" trotz aller Anspannung immer ruhig geblieben. Als er aber nach einigen anderen Hiobsbotschaften von der Front erfuhr, dass der von ihm befohlene Entlastungsangriff der Armeegruppe des SS-Generals Felix Steiner zum Entsatz Berlins nicht stattgefunden hatte, bekam er einen Wutanfall, auf den ein Zusammenbruch folgte. Er beschimpfte die Generale schreiend als Lügner, Verräter und Feiglinge, stellte fest, dass der Krieg verloren sei, und fügte hinzu: „Aber wenn Sie, meine Herren, glauben, dass ich Berlin verlasse, dann haben Sie sich sehr getäuscht! Eher jage ich mir eine Kugel durch den Kopf."[56]

Durch ihren Entschluss, zusammen mit den anderen in Berlin zu bleiben, waren auch für Constanze Manziarly die Würfel gefallen. Trotz der Ankündigung Hitlers, sich umzubringen, dauerte das absurde und für einige Beteiligten tödliche Drama im Bunker aber noch mehr als eine Woche. Während dieser Woche tobte die Schlacht um und in Berlin mit voller Härte. Schreckliche Szenen spielten sich in den Straßen und Häusern ab – Kämpfe, bei denen sich nahezu unbewaffnete Hitlerjungen sowjetischen Panzern in den Weg stellten, Hinrichtungen von angeblichen Fahnenflüchtigen, Vergewaltigungen Im Führerbunker dagegen herrschte zwischen kurzzeitig aufflammender Hektik meist lähmende Untätigkeit.

56 Sandner (2018), S. 463f; Fest (2002), S. 77ff. Joachimsthaler, S. 147ff. Von diesen Autoren stammen auch die meisten anderen hier wiedergegebenen Angaben über die letzten Tage im Führerbunker.

Hitler spielte oft stundenlang mit den Welpen, die seine Hündin Blondi im April geworfen hatte.

Über die Stimmung in dem unterirdischen Betongefängnis in diesen Tagen ist viel geschrieben worden. Aus Angst vor Bomben und Artilleriebeschuss wagte man sich kaum mehr ins Freie. Hitler und seine Vertrauten schwankten zwischen Zuversicht und Verzweiflung und hofften immer wieder von Neuem auf Entlastungsangriffe deutscher Verbände, die aber nicht mehr einsatzfähig waren oder gar nicht mehr existierten. Die Mitarbeiter versahen ihren Dienst mit zunehmenden Auflösungserscheinungen und eingespielter Routine. In diese Zeit fallen einige Ereignisse, die aus Filmen und Büchern bekannt sind: Die Übersiedelung des „letzten Getreuen", Propagandaminister Josef Goebbels mit Frau und sechs Kindern, in den Bunker und der „Verrat" Hermann Görings und (etwas später) jener von Heinrich Himmler – der eine versuchte, sich auf dem Obersalzberg selbst zum „Führer" zu ernennen, der andere eigenmächtig, aber erfolglos, mit den Westalliier-

^ *Luftangriff der Royal Air Force auf den Obersalzberg. Der Berghof befindet sich in der unteren Bildmitte. 25. April 1945*

ten zu verhandeln. Möglicherweise stellvertretend für Himmler, dessen Verrat ihn besonders hart traf, ließ Hitler Hermann Fegelein erschießen, den Vertreter des Reichsführers SS im Führerhauptquartier. Der SS-General, der Schwager von Eva Braun, war zuvor in Zivilkleidern aufgegriffen und der versuchten Fahnenflucht für schuldig befunden worden.

Am 25. April schloss sich der Belagerungsring der Roten Armee um Berlin, die Hauptstadt war eingekesselt. Am selben Tag trafen sowjetische Soldaten bei Torgau an der Elbe auf die von Westen anrückenden Amerikaner. Der noch verbliebene Machtbereich Hitlers in Deutschland war damit in zwei Teile aufgespalten. Und noch ein Ereignis dieses 25. April dürfte bei den Verbliebenen im Bunker für Gesprächsstoff gesorgt haben: Am Vormittag warf ein Bombengeschwader der US-Air Force mehr als 1.100 Tonnen Bomben über dem Obersalzberg ab und zerstörte einen Großteil der Gebäude. Auch der Berghof wurde schwer getroffen und war nur noch eine Ruine.

^ *Eine abgeworfene Bombe explodiert in der Nähe des Berghofs, auf dieser Aufnahme in der linken Bildmitte.*

Ein gespenstisch anmutendes Ereignis war zweifellos die Ankunft von General Robert Ritter von Greim im Führerhautquartier am 26. April: Der Luftwaffen-Kommandeur war von der Testpilotin Hanna Reitsch über die russischen Linien hinweg in die Hauptstadt eingeflogen und dabei verwundet worden. Im Bunker beförderte ihn Hitler zum Generalfeldmarschall und ernannte ihn anstelle des aller Ämter enthobenen Hermann Göring zum Oberbefehlshaber der

praktisch nicht mehr existierenden deutschen Luftwaffe. All diese bizarren Vorgänge muss Constanze Manziarly aus nächster Nähe miterlebt haben. Über ihr Denken, Fühlen und Handeln in diesen Tagen ist jedoch kaum etwas bekannt. Der damalige Hitlerjungen Armin Lehmann, der als 16-Jähriger dem Reichsjugendführer Arthur Axmann als Melder diente und dadurch in den Führerbunker gelangte, erwähnt, dass Constanze für Generalfeldmarschall Keitel auf Geheiß Hitlers Erbsensuppe kochen musste und dass sie die verzagten und verloren wirkenden Goebbels-Kinder mit Kuchen, Sandwiches und Süßigkeiten versorgte.[57]

Ein bevorzugtes Thema der Menschen im Bunker und auch Hitlers war in diesen Tagen, auf welche Weise man am besten Selbstmord begehen könnte. Schließlich verteilte der „Führer" Giftampullen an die Frauen, denen in den schlimmsten Farben ausgemalt worden war, was ihnen bevorstünde, wenn sie den Russen in die Hände fielen. Auch Constanze Manziarly bekam eine Giftkapsel. Drei behielt Hitler

57 Diese Details werden in der ausführlichen englischsprachigen E-Book-Fassung von Lehmanns Erinnerungen (siehe: Lehmann, Carroll) erwähnt, aber nicht in der deutschsprachigen Printausgabe.

für sich selbst, für Eva Braun und seine Schäferhündin Blondi.

Der Amerikaner Michael A. Musmanno befragte im Auftrag der US-Armee von 1946 bis 1948 zahlreiche Augenzeugen, darunter auch Traudl Junge, über Hitlers letzte Tage und veröffentlichte darüber 1950 unter dem Titel „Ten Days to Die“ ein Werk mit romanhaften Zügen. Der Autor – er ist so etwas wie der Clown unter den Führerbunker-Chronisten – erwähnt in einer blumigen Schilderung über die Präsentation der Giftampullen Constanze sogar namentlich. In dieser Passage fragt Traudl Junge den „Chef“ bei der abendlichen Teestunde, wie man das Gift anwende, dann heißt es in der deutschen Fassung des Buches: „Wieder lacht der deutsche Diktator, während er die Wirkung des komplizierten Werkstückes auseinandersetzt: ‚Man nimmt diese kleine Glasröhre in den Mund und beißt darauf wie auf ein Stück Zucker.‘ Während er seine starken Kiefer hörbar zusammenknacken läßt, als wolle er den verhängnisvollen Biß ausmalen, beißt sich Fräulein Manziarly, eine große, vollbrüstige Tirolerin, unabsichtlich auf die Zunge und läßt die Tasse, die sie gerade zum Mund führt, fast aus der Hand fallen.“

In Musmannos Buch findet sich noch eine weitere seltsam anmutende Erwähnung von Constanze: „Fräulein Manziarly … war ein selbstzufriedenes Wesen zwischen ihren glänzenden Töpfen und Pfannen. Sie fürchtete einzig, Hitler könne einmal die Küche betreten und sie beim Rauchen erwischen, was überall in Hitlers unmittelbarer Nähe verboten war.“ Vergleicht man diese Sätze mit dem englischen Original, stellt man fest, dass die Übersetzung „selbstzufriedenes Wesen“ nicht dem Wortlaut entspricht und eher lauten müsste: „war vollauf zufrieden zwischen ihren Töpfen und Pfannen.“ [58]

In der Nacht zum 29. April fand Adolf Hitlers Hochzeit im Bunker statt. Nachdem er Traudl Junge sein politisches und sein persönliches Testament diktiert hatte, heiratete der Diktator seine langjährige Geliebte Eva Braun.[59] Constanze Manziarly erlebte die Trauung mit, für die eigens ein Standesbeamter in den Bunker geholt worden war, und gehörte auch zu den Gästen, die an der anschließenden kleinen Feier teilnahmen. Auch an diesem letzten Abend seines Lebens verzichtete Hitler nicht auf die nächtliche Teegesellschaft, die bis fünf Uhr früh dauerte.

Am nächsten Tag, dem 30. April, waren die sowjetischen Truppen nur noch wenige hundert Meter vom Bunker entfernt. Gegen 13 Uhr nahm Hitler noch ein von Constanze zubereitetes Mittagessen zu sich. Es gab Spaghetti mit einer leichten Tomatensauce.[60] Dieser letzten Mahlzeit, an der auch Traudl Junge, Gerda Christian und Constanze teilnahmen, ist eine Szene im Film „Der Untergang“ gewidmet: Als er gegessen hat, schaut der von Bruno Ganz verkörperte Diktator von seinem Teller auf, wendet sich an die ihm gegenüber sitzende junge Frau und sagt betont höflich: „Danke! Das war sehr gut, Fräulein Manziarly!“

Nach diesem letzten gemeinsamen Mahl stand die Diätköchin in der Reihe jener etwa zwanzig Personen

---

58 Musmanno (2004), S. 57 und 124

59 In manchen Darstellungen ist zu lesen, dass die Trauung vor dem Diktieren der Testamente stattfand. Allerdings lässt Traudl Junge, die das Diktat entgegennahm, in ihren Erinnerungen keinen Zweifel an der Reihenfolge. Diese Abfolge bestätigt im Übrigen auch die Tatsache, dass Hitler im persönlichen Testament die Eheschließung erst ankündigt.

60 Schenck, S. 53; Joachimsthaler, S. 218

des Führerbunker-Personals, bei denen sich Hitler mit Handschlag verabschiedete, ehe er mit seiner Ehefrau Eva, die es vorgezogen hatte, nicht am Mittagessen teilzunehmen, in seinem Zimmer verschwand. Dort nahmen sich die beiden kurz nach 15 Uhr das Leben. Sie zerbissen eine Giftkapsel, Hitler schoss sich zudem im Augenblick des Zerbeißens in den Kopf.

Nach dem Tod des „Führers" und dem nur teilweise erfolgreichen Versuch, seine und die Leiche seiner Frau befehlsgemäß im Garten zu verbrennen, breitete sich Ratlosigkeit im Bunker aus. Angeblich musste die Köchin trotzdem wie gewohnt Hitlers Abendmahlzeit zubereiten. Traudl Junge schreibt: „Mit verweinten Augen sitzt das junge Fräulein Manziarly in einer Ecke. Sie musste an diesem 30. April ein Abendessen für den Führer kochen wie sonst auch, damit sein Tod noch geheim gehalten werden konnte. Aber niemand hat die Spiegeleier und den Kartoffelbrei gegessen."[61]

61 Junge/Müller, S. 208.

^ *Szenenbild aus dem Film „Der Untergang": Hitler mit Constanze und den Sekretärinnen beim Essen*

Allerdings stellt sich die Frage, vor wem Hitlers Tod geheim gehalten werden sollte? Im Bunker gab es wohl niemanden, der nicht von dem Doppelselbstmord wusste. Abgesehen davon verbreitete sich die Nachricht vom Ende des Diktators offenbar rasch unter den vielen Menschen, die in den übrigen Bunkern, Kellern und sonstigen Räumen der Reichskanzlei hausten. Es ist wohl eher anzunehmen, dass Constanze für die noch verbliebenen Kollegen kochte und das nichts mit einer Verschleierung von Hitlers Tod zu tun hatte.

Auch während des 1. Mai, dem Tag, an dem russische Soldaten die Sowjetflagge auf dem Reichstag hissten, harrten die meisten Anwesenden im Bunker noch aus, da einer von ihnen, der Stabschef des Heeres General Hans Krebs, versuchte, im Namen der noch von Hitler eingesetzten neuen Regierung Dönitz mit dem sowjetischen Generaloberst Tschuikow Waffenstillstandsverhandlungen zu führen. Tschuikow machte dem Unterhändler jedoch klar, dass man nichts anderes akzeptieren werde als die bedingungslose Kapitulation. Nachdem Krebs ohne greifbares Ergebnis in den Bunker zurückgekehrt war, verflüchtigten sich die letzten Illusionen und man plante den Ausbruch Richtung Westen. Am Abend des 1. Mai meldete der Rundfunk, der „Führer" sei „bis zum letzten Atemzug gegen den Bolschewismus kämpfend" in Berlin „gefallen". Vor der Umsetzung der Fluchtpläne in der Nacht zum 2. Mai wurde der Bunker noch Schauplatz eines weiteren schrecklichen Ereignisses: Bevor das Ehepaar Goebbels sich umbrachte, vergiftete Magda Goebbels ihre sechs Kinder.

DAS ENDE

Am 1. Mai 1945 hielten sich noch unzählige Menschen auf dem Gelände der zerbombten Reichskanzlei und in den darunterliegenden Bunker- und Kellerräumen auf. Es waren versprengte Soldaten, Verwundete, Lazarettpersonal, zivile Flüchtlinge und die Angehörigen der Gemeinschaft aus dem Führerbunker.

Man beschloss, in mehreren Gruppen auszubrechen. Die erste dieser Gruppe wurde von SS-Brigadeführer Wilhelm Mohnke, dem letzten Kampfkommandanten des Regierungsviertels, angeführt. Ihr gehörten neben einer Anzahl Soldaten unter anderem Hitlers persönlicher Adjutant Otto Günsche und vier Frauen aus der engsten Umgebung des „Führers" an: Traudl Junge, Gerda Christian, Bormanns Sekretärin Else Krüger und Constanze Manziarly. Sie alle Genannten konnten sich – auch wenn sie später in Gefangenschaft gerieten – aus dem Chaos der vom Krieg in einen Hexenkessel verwandelten Großstadt retten. Mit einer Ausnahme: Für Constanze Manziarly endete das Drama tödlich.

Der Weg, den die Gruppe auf ihrer nächtlichen Flucht durch Berlin nahm, ist gut dokumentiert. Vom Gelände der Reichskanzlei in der Wilhelmstraße be-

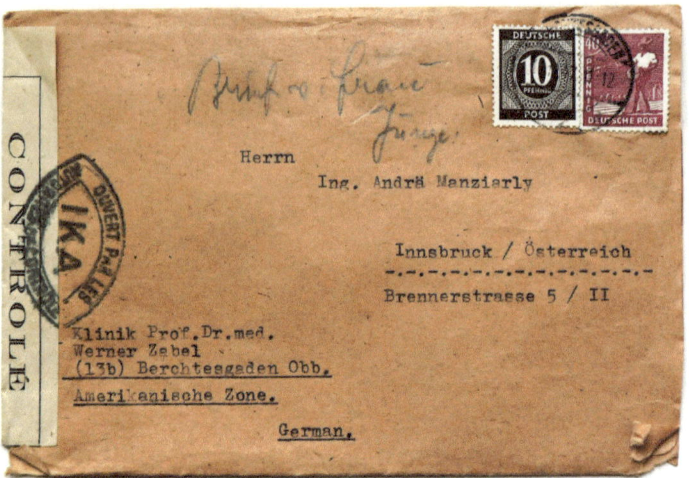

wegten sich die Flüchtlinge durch U-Bahnschächte zum Bahnhof Friedrichstraße und dann zum Gelände der Schultheiß-Brauerei an der Schönhauser Allee, wo sich Tausende deutsche Soldaten versammelt hatten. Von diesen wurden bereits Kapitulationsverhandlungen mit den Sowjet-Truppen geführt, die das Areal umstellt hatten. Kurz vor der Übergabe und dem Gang der Soldaten in die Gefangenschaft entschlossen sich die vier Frauen, allein weiterzuziehen. In der Hoffnung, sich zu den Amerikanern durchschlagen zu können, wandten sie sich nach Nordwesten.

Traudl Junge hat diese abenteuerliche Flucht mehrfach geschildert. Von ihr stammen auch die letzten Informationen, die über Constanze Manziarly bekannt sind und die den Ausgangspunkt für die Mutmaßungen über ihr Ende bilden. Im Nachwort zu Junges Erinnerungsbuch fasst die Co-Autorin Melissa Müller diese Angaben kurz zusammen.[62] Es gibt aber auch

62 Junge/Müller, S. 234f

^ *Kuvert des Briefes, mit dem Werner Zabel die Familie Manziarly von den Aussagen Traudl Junges übermittelte.*

Abschrift.

Frau Gertraud Junge 6.11.47
München 13, Bauerstr. 10:0
b. Dr. Berghofer.

Herrn
Professor Zabel
Berchtesgaden.

Sehr geehrter Herr Professor!

Zu meinem grossen Bedauern erfuhr ich vor einigen Tagen - noch dazu nur durch Zufall - dass mein Bekannter, Herr Lanze, nicht bei Ihnen war, um Ihnen über Frl. Manziarlys Schicksal zu berichten. Ich habe geglaubt, die Sache sei längst erledigt und hoffte, Herr Lanze, der auch mit Frl.Manziarly sehr gut befreundet war, wäre zuverlässiger. Nun muss ich doch versuchen, auf schriftlichem Weg Ihnen mitzuteilen, was ich weiss. Es ist wenig und traurig genug. Aber ich weiss, dass nichts schlimmer ist, als die Ungewissheit und wenn ich sie auch nicht ganz beseitigen kann, so soll der Vater doch wenigstens eine Spur seiner Tochter finden können.

Ich war mit Frl.Manziarly bis zum 1. Mai zusammen in Berlin. In der Nacht zum 2. Mai kam der Befehl, in einzelnen Gruppen den Bunker an der Wilhelmstrasse zu verlassen. Zwei Sekretärinnen, Frl. Manziarly und ich schlossen uns einer kleinen Gruppe von Männern an und verliessen als erste den Bunker, um im U-Bahnschacht schliesslich bis zum Bahnhof Friedrichsstrasse zu gelangen. Dort verliessen wir den Schacht, über uerten den Eisenbahnbogen der Weidendammerbrücke und kamen unangefochten und unversehrt schliesslich zu einem Brauereibunker an der Schönhauser Allee. Inzwischen war die Nacht vergangen. Die Schiesserei hatte aufgehört und der Morgen war still. Wir sassen mitten drin im russischen Kessel. In der Brauerei war der Sammelplatz aller noch kampffähigen Truppenteile, aber auch von Zivilisten, Obdachlosen, OT, Volkssturm SS usw. Im Laufe des Vormittags fanden in Berlin die Waffenstillstandsverhandlungen statt, die wir dort abwarteten. Inzwischen hatten russische Panzer das Brauereigelände umstellt, die Soldaten legten ihre Waffen ab, viele versuchten zu flüchten. Eine Viertelstunde ehe der Bunker mit allen Insassen den Russen übergeben werden sollte, entschlossen wir vier Frauen uns, ihn zu verlassen, um zu versuchen, aus Berlin heraus und ins amerikanische Gebiet zu kommen. Wir legten die Stahlhelme und andere Dinge, die wir zum Schutze mit uns führten, ab und gingan zusammen durch die Strassen Berlins. Sie können sich vorstellen, wie dieser Marsch aussah, wie wir ständig von russischen Soldaten aufgehalten, durchsucht, belästigt und bedroht wurden. Es ist uns dabei jedoch nichts passiert, wir sind völlig unversehrt bis kurz vor Tegel in die Müllerstrasse gekommen, trotz kleinerer Schiessereien und Zwischenfällen. Frl. Manziarly trug eine alte Wehrmachtshose und-jacke und wurde deshalb von russischen Streifen besonders oft angehalten und ausgefragt. Sie wollte sich irgendwo umziehen und als wir gegen abend in der Müllerstrasse an einer Wasserstelle Halt machten, um uns für ein Nacht uartier zu beraten, bot ihr ein Mann an, andere Kleider für sie zu besorgen. Sie ging mit ihm um die Ecke, während wir drei auf sie warteten.

eine ausführlichere und zeitnahere Quelle zu den Geschehnissen, und zwar einen Brief von Traudl Junge vom 6. November 1947 an Prof. Werner Zabel. Dieser schickte eine Abschrift davon an die Familie Manziarly nach Innsbruck. Zweck des Schreibens: Junge wollte Andrä Manziarly alle ihr bekannten Informationen über das Verschwinden seiner Tochter zukommen las-

^ *Die erste Seite der von Werner Zabel verfassten Briefabschrift über Traudl Junges letzten Kontakt zu Constanze*

sen. Die Sekretärin schildert, wie die aus dem Führerbunker geflüchtete Gruppe bis zum Brauereigelände in der Schönhauser Allee und zum dortigen Bunker kam. Dann heißt es weiter: „Eine Viertelstunde ehe der Bunker mit allen Insassen den Russen übergeben werden sollte, entschlossen wir vier Frauen uns, ihn zu verlassen, um zu versuchen, aus Berlin heraus und ins amerikanische Gebiet zu kommen. Wir legten die Stahlhelme und andere Dinge, die wir zum Schutze mit uns führten, ab und gingen zusammen durch die Strassen Berlins. Sie können sich vorstellen, wie dieser Marsch aussah, wie wir ständig von russischen Soldaten aufgehalten, durchsucht, belästigt und bedroht wurden. Es ist uns dabei jedoch nichts passiert, wir sind völlig unversehrt bis kurz vor Tegel in die Müllerstrasse gekommen, trotz kleinerer Schiessereien und Zwischenfällen. Frl. Manziarly trug eine alte Wehrmachtshose und -jacke und wurde deshalb von russischen Streifen besonders oft angehalten und ausgefragt. Sie wollte sich irgendwo umziehen und als wir gegen Abend in der Müllerstrasse an einer

^ *Notausgang und Belüftungsturm des Führerbunkers im Garten der Reichskanzlei, Sommer 1945*

Wasserstelle Halt machten, um uns für ein Nachtquartier zu beraten, bot ihr ein Mann an, andere Kleider für sie zu besorgen. Sie ging mit ihm um die Ecke, während wir drei auf sie warteten.

Inzwischen war es 1/2 7 Uhr geworden und meine beiden Kolleginnen fanden endlich eine Frau, die uns für die Nacht behalten wollte, denn um 7 Uhr mussten alle Passanten von den Strassen sein. Meine beiden Kolleginnen, Frl. Krüger und Frl. Christian, gingen mit der Quartierfrau und ich wartete weiterhin auf Frl. Manziarly. Sie kam dann auch wieder, aber in Begleitung von zwei russischen Soldaten mit Gewehren. Als ich auf sie zugehen wollte, stiessen mich die Soldaten zur Seite. Frl. Manziarly rief mir noch zu: „Sie wollen

^ *Verwüstete Straße nahe Unter den Linden (genauer Ort unbekannt), 1945*

meinen Pass sehen." Und wurde von den Soldaten in einen verfallenen U-Bahnschacht nahe dem Hause vor dem ich wartete, abgeführt. Im gleichen Augenblick fing wieder eine Schiesserei an, die Russen suchten in den Häusern nach versteckten Soldaten, die Leute mussten in die Häuser und ich sprang in das nächstgelegene, das ich die ganze Nacht nicht mehr verlassen konnte. Auf diese Weise habe ich auch meine beiden

^ *Zerstörungen in der Friedrichstraße (unten zwischen Dorotheestraße und Bahnhof Friedrichstraße) im Mai 1945*

Kolleginnen verloren und am nächsten Morgen weder sie noch Frl. Manziarly wiedergesehen.

Soweit kann ich Ihnen die Tatsachen, die ich mit Fr. Manziarly gemeinsam erlebte, schildern. Alles weitere sind nur noch Vermutungen. Dass russische Soldaten eine Frau in einen Schacht führen, um den Pass zu besichtigen, halte ich für sehr unwahrscheinlich. Meistens endet so etwas auf ganz andere, mehr

^ *Soldaten auf der Monbijoubrücke, 1945 (Blick die Spree entlang Richtung Friedrichstraße und Weidendammer Brücke, in der Bilmitte rechts die zerstörte Ebertbrücke)*

oder weniger unangenehme Weise. Frl. Manziarly hatte Gift bei sich und sich früher geäussert, sie werde es benutzen, ehe sie sich von einem Russen vergewaltigen lasse. Im Laufe meiner Erlebnisse habe ich jedoch vielfach die Erfahrung gemacht, dass diese Vorsätze nicht immer wahrgemacht werden. Auf der anderen Seite wurden sehr häufig Frauen, die auch nur ein bisschen nach Soldaten, Flak oder sonstigen militärischen Einrichtungen aussahen, oder überhaupt nur Hosen trugen, auf den Strassen geschnappt, in irgend ein Lager gesteckt, schliesslich von Lager zu Lager geschickt und landeten letzten Endes irgendwo weit im Osten, ohne dass sie eine Möglichkeit haben, Ihren Angehörigen Nachricht zukommen zu lassen. Es sind heute in Russland eine sehr grosse Menge von Frauen, die dort arbeiten müssen, denen es verhältnismässig erträglich geht, von denen aber in Deutschland niemand mehr weiss. Sie ahnen nicht, wie viele Mütter und Eltern sich an mich gewendet haben und nach ihren Töchtern fragen, die bestimmt noch am Leben sind, von denen aber jede Nachricht fehlt.

Dies wäre alles, was ich Ihnen berichten kann."[63]

Die Angaben Traudl Junges über ihren letzten Kontakt mit Constanze Manziarly, die sie – mehr oder weniger ausführlich, aber im Wesentlichen deckungsgleich – bei verschiedenen Gelegenheiten gemacht hat, wurden von den meisten Autoren, die über die letzten Tage der Eingeschlossenen im Führerbunker geschrieben haben, übernommen. Ebenso wie die von ihr vorgebrachten Vermutungen über das weitere Schicksal Constanzes: die wahrscheinlichere, dass sie

63 Das Original des Briefs befindet sich im Besitz der Familie.

durch die Giftkapsel Selbstmord beging, um der drohenden Vergewaltigung durch die russischen Soldaten zu entgehen und die, dass sie in die Sowjetunion verschleppt wurde.

Dass die knappen Angaben der Augenzeugin in der Literatur mitunter seltsame Blüten treiben konnten, zeigt das Werk des bereits erwähnten amerikanischen Juristen und Offiziers Michael Musmanno. Er befragte Traudl Junge 1946, verwendet ihre Aussagen jedoch mit einem starken Hang zur fantasievollen Ausschmückung. Seine mit einem unüberhörbar rassistischen Unterton angereicherte Version vom Verschwinden Constanzes liest sich in der deutschen Fassung so: „Fräulein Manziarly überlebte die Sturmflut nicht. Sie wurde zuletzt in den Klauen eines fast zwei Meter großen russischen Infanteristen gesehen, der die sich wehrende und schreiende Gestalt in ein Haus schleppte, vor dem sich schon eine Schlange grinsender Asiaten aufgestellt hatte. Nach allem, was von den Überlebenden berichtet wird, ist anzunehmen, daß sie im letzten Augenblick in Verzweiflung das Kaliumcyanid nahm, das ihr vom Führer gegeben wurde.“[64]

Ob Traudl Junge Musmanno gegenüber den „fast zwei Meter großen russischen Infanteristen“ und die „grinsenden Asiaten“ tatsächlich erwähnt hat oder es sich dabei – was wahrscheinlicher ist – um geschmackloses Beiwerk des Autors handelt, muss offenbleiben.

Dass Musmanno Constanze in seinem Buch zudem als „große, vollbrüstige Tirolerin“ charakterisiert, wurde bereits erwähnt. Auch Traudl Junge sah sich veranlasst, die Tatsache, dass die sowjetischen Soldaten

64 Musmanno (2004), S. 60

die junge Frau mitnahmen, mit deren Äußerem in Zusammenhang zu bringen. Ihre diesbezügliche Aussage wird von Melissa Müller im Nachwort zu Junges Erinnerungsbuch wie folgt wiedergegeben: „Hitlers Köchin habe dem Idealbild der russischen Frau entsprochen, stattlich, mit runden Wangen, und sie habe unsinnigerweise eine Wehrmachtsjacke getragen.“[65]

Zu Beginn dieser Darstellung wurde erwähnt, wie sehr die Charakterisierung und auch die Wahrnehmung von Constanzes äußerer Erscheinung in den verschiedenen fragmentarischen Erwähnungen schwanken. Da nun authentisches Bildmaterial, vor allem das letzte Porträtfoto aus Berchtesgaden (Seite 13) zur Verfügung steht, fällt es allerdings schwer, nachzuvollziehen, warum die große, schlanke 25-Jährige „dem Idealbild der russischen Frau“ entsprochen haben soll. Christa Schröder beschreibt Constanze als „dieses schöne, hochgewachsene, dunkelhaarige, junge Mädchen“.[66] In der englischsprachigen Version von Armin Lehmanns Erinnerungen ist sie übrigens „a small mousy woman“.[67]

65 Junge/Müller, S. 234. Dass Constanze Militärkleidung trug, könnte damit zu tun haben, dass sie den Großteil ihrer Garderobe bei der Zerstörung ihres Zimmers durch Bomben verloren hatte.

66 Schröder/Joachimsthaler, S. 146

67 Lehmann, Carroll. „Mousy" soll hier etwa „schüchtern", „unscheinbar" bedeuten.

NACH DEM VERSCHWINDEN

Nach dem letzten Kontakt mit Traudl Junge am Abend des 2. Mai 1945 blieb Constanze Manziarly verschwunden. In den folgenden Jahren und Jahrzehnten gab es keinen Hinweis auf ihren Verbleib. Auf der Grundlage von Traudl Junges Angaben verengen sich die Mutmaßungen über das Schicksal der jungen Frau zwangsläufig auf die beiden bereits genannten Möglichkeiten – Selbsttötung oder Mord bei der Konfrontation mit den russischen Soldaten oder Verschleppung und späterer Tod in einem Lager. Dennoch war und ist Constanze Manziarlys Verschwinden in den Medien Gegenstand vielfältiger und abenteuerlicher Spekulationen. So schreibt etwa Armin Lehmann: „Als ich 1953 aus Deutschland auswanderte, wurde in der Presse noch immer darüber spekuliert, ob sie während des Ausbruchs getötet worden war oder überlebte und eine neue Identität angenommen hatte."[68]

Die kuriosesten Auswüchse und Fantasien rund um den Verbleib der Verschollenen finden sich im Internet. Constanze ist dort nicht nur Gegenstand von Diskussi-

68 Lehmann, S. 357.

onen in einschlägigen Foren[69], sondern etwa auch auf einer Seite über „Unresolved Mysteries“ der Geschichte zu finden. Der entsprechende Beitrag endet mit der rhetorischen Frage: „But could she have survived and lived under an assumed name?“[70] Auf einer anderen Seite rangiert Constanze Manziarly unter den „Top Ten“ einer Liste prominenter Verschwundener.[71]

Mehrfach erscheint sie in einschlägigen Internetseiten auf der sogenannten „Barcelona-Liste“: Demnach soll sie zu jenen Auserwählten gehört haben, die in den letzten Apriltagen 1945 mit Hitler per Flugzeug nach Barcelona und dann weiter nach Südamerika entkamen, während im Berliner Bunker ein Doppelgänger des Diktators starb.[72]

Es überrascht auch nicht, dass Constanze Manziarly zur Heldin fiktiver Romane geworden ist, so etwa in „The Fuhrer Has Gone“ von Clive Fletcher aus dem Jahr 2010, der die Verschwörungstheorie von Hitlers Flucht nach Südamerika episch thematisiert. Recht originell erscheint in diesem Zusammenhang auch das E-Book „Die geheimen Tischgespräche des Adolf Hitler“ von Armin Spree. In Vorwort kündigt der Autor an, dass er in seinem (nicht ganz ernst gemeinten) Buch die geheimen Aufzeichnungen präsentiere, die Constanze Manziarly von Hitlers Äußerungen bei Tisch gemacht haben soll, und versichert: „Wir erleben durch diese Dokumente einen Hitler, wie er wirklich war.“[73]

---

69 Siehe z. B.: http://forum.axishistory.com, Stichwort „Manziarly" (abgerufen Mai 2020)

70 https://www.reddit.com/r/UnresolvedMysteries/comments/39pj6i/what_happened_to_adolf_hitlers_chef_constanze/ (abgerufen Mai 2020)

71 http://www.toptenz.net/top-10-more-disappearances-notable-people.php (abgerufen Mai 2020)

72 Siehe z.B. Stichwort „Hitlerfluchtberichte" auf https://books.google.at

73 Beide Werke sind auf www.amazon.com zu finden (Stand: Mai 2020).

Die Liste kurioser Spekulationen und fantastischer Machwerke, die sich auf Constanze Manziarly und ihr Schicksal beziehen, ließe sich fortsetzen, doch erscheint es nicht angebracht, weiter auf sie einzugehen

^ *Rückseite eines Porträtfotos, das von Constanzes Vater für die Suche nach seiner Tochter beschriftet wurde*

Heinz Linge
Bln.-Schlachtensee
Breisgauer Str. 39

Berlin, den 27.2.56

Sehr geehrter Herr Manziarly!

Ich habe Ihren Brief vom 9.2. erhalten. Durch meine Dienststellung war ich mit Ihrer Tochter,Constanze, in engerem Kontakt. Ich kann es sehr gut verstehen, daß Sie alles versuchen, um über das Schicksal Ihrer Tochter etwas näheres zu erfahren. Leider muß ich Ihnen mitteilen, daß ich über die Nachricht,-die Sie durch Frau Junge, erhalten haben,hinaus, nichts weiter berichten kann, da ich, bei der Aussichtslosigkeit des Ausbruches, einen anderen Weg, durch den U-Bahnschacht, nahm, der mich im Norden Berlins in die russische Gefangenschaft kommen ließ. Ich habe auch später in der Gefangenschaft niemals etwas über Ihre Tochter gehört. Ich halte es trotzdem immer noch für möglich, daß sie eines Tages aus Rußland zurückkehren kann. Ich möchte es Ihnen und Ihrer Tochter von ganzem Herzen wünschen.

Mit vorzüglicher Hochachtung

Ihr
Heinz Linge

– vor allem angesichts der realen Ereignisse und des Leids, das ihr spurloses Verschwinden für die Familie der Vermissten bedeutete. Die Gespräche mit ihrer Schwester Susanne Schiessl und Unterlagen aus dem Nachlass ihres Vaters lassen erahnen, wie sehr das ungewisse, in jedem Fall aber tragische Schicksal von Constanze auf der Familie lastete und ihre Angehörigen noch jahrzehntelang beschäftigte.

Andrä Manziarly unternahm bis in die Sechzigerjahre Nachforschungen über den Verbleib seiner Tochter.[74] Er korrespondierte etwa mit Prof. Werner Zabel, der seinerseits Nachforschungen anstellte und 1947 den oben zitierten Brief von Traudl Junge erhielt. Weiter finden sich in den Familiendokumenten aus den Fünfzigerjahren stammende Schreiben von Hitlers Kammerdiener Heinz Linge und von Käthe Häusermann, der Assistentin von Hitlers Zahnarzt Dr. Hugo Blaschke. Beide hatten mehrere Jahre in sowjetischen

74 Die diesbezüglichen Unterlagen befinden sich im Besitz der Familie.

^ *Antwortbrief von Hitlers Kammerdiener Heinz Linge auf eine Anfrage von Andrä Manziarly aus dem Jahr 1956*

Käthe Häusermann
Hannover

Hannover, den 28.9.55

Sehr geehrter Herr Manziarly!

Von einer Reise nach Düsseldorf, wo ich meinen Bruder besuchte zurück, finde ich Ihren Brief vor und beeile mich, Ihnen sofort zu antworten.-
Ich habe als Assistentin des Zahnarztes der Reichskanzlei in Berlin gearbeitet und dafür auch meine 10 Jahre Straflager in Sibirien bekommen und abgesessen.- Was ich alles durchmachen musste kann ich Ihnen gern bei passender Gelegenheit einmal berichten. Zunächst will ich Ihnen sagen, was mir über Ihre Tochter bekannt ist.
Auch ich machte den bewussten Ausbruch aus der Reichskanzlei am 1. Mai mit. Ich kenne Ihre Tochter sehr gut, habe mich oft bei Ihr in der Diätküche aufgehalten und ausserdem war sie auch bei uns in Zahnbehandlung.
Ich sah sie zum letzten Male mit den Sekretärinnen Frau Christian, Frau Junge und Frl. Krüger. Siewaren genau wie ich bis zur Schönhauser Allee in Berlin gekommen wo man uns sagte, dass ein Durchkommen unmöglich wäre und es besser für uns Frauen sein würde, wenn wir nach Hause gingen. Ich tat dies dann auch, indem ich mir bei einer unbekannten Frau einen schwarzen Mantel und Hut kaufte.Mein graues Kostüm und Mantel sowie Stahlhelm legte ich natürlich sofort ab. Ihre Tochter war bekleidet mit einem Luftschutzanzug als wir uns trennten. Seit diesem Tage, also am Morgen des 2.Mai 1945 habe ich sie zum letzten Male gesehen.
Im Gefängnis bei meinen Verhören wurde ich nicht über sie befragt.Auch in meinem Protokoll hat sie über mich nichts ausgesagt, denn mir hat man alles vorgelesen was unsere Patienten über mich ausgesagt hatten.Ich nehme also mit Be-

Gefangenenlagern verbracht und waren dort – wie alle Personen aus Hitlers engerer Umgebung – intensiv verhört worden. In den Briefen versichern sie, in der Haft nie auf einen Hinweis gestoßen zu sein, dass sich die verschollene Constanze in der Sowjetunion befinden könnte, obwohl sie bei den Vernehmungen immer wieder mit den Verhöraussagen anderer Hitler-Mitarbeiter konfrontiert worden waren. Deshalb, so schrieb Käthe Häusermann in einem Brief, nehme sie mit Bestimmtheit an, dass Constanze nicht nach

^ *Antwortbrief von Käthe Häusermann, der Assistentin von Hitlers Zahnarzt Hugo Blaschke, auf eine Anfrage von Andrä Manziarly aus dem Jahr 1955*

Mit zwei Heimkehrerzügen trafen 53 deutsche Frauen aus der UdSSR in Friedland ein. Während des Krieges waren die meisten von ihnen als Krankenschwestern und Nachrichtenhelferinnen beschäftigt. (Keystone-Bild)

T.T. 14.10.55

Russland verschleppt worden sei. In einem Schreiben des Suchdienstes des Deutschen Roten Kreuzes vom Januar 1957 wird der Familie abschließend mitgeteilt, dass kein Anhaltspunkt für den Verbleib von Constanze vorliege. Man ließ es auch nicht unversucht, Autoren anzuschreiben, die sich mit den letzten Tagen im Führerbunker auseinandergesetzt hatten.

Berührend unter den Papieren im Familiennachlass ist auch ein Ausschnitt aus der Tiroler Tageszeitung vom 14. Oktober 1955. Abgedruckt ist ein Foto, das aus der sowjetischen Gefangenschaft heimgekehrte deutsche Frauen zeigt. Eine große, schlanke Frau, die aus der Gruppe hervorragt und Constanze ähnlich sieht, ist mit einem Kreuz markiert. Darunter ist in der

^ *Ausschnitt aus der Tiroler Tageszeitung vom 14. Oktober 1955*

Dem BG. Innsbruck, mit dem Ersuchen um Anschlag an die Gerichtstafel!

B.K

T 32/63
3

Edikt.

Constanze M a n z i a r l y, geboren am 14. 4. 1920 in Innsbruck als ehel. Tochter des Ing. Andreas Manziarly und der Anna geb. Hummel, eingetragen im pfarrlichen Taufbuche Tom. VI., fol. 10 des griechisch-orientalischen Pfarramtes " Zur Hl. Dreifaltigkeit " in Wien, ledig, griechisch- orientalisch, österr. Staatsangehörige, im letzten Zivilberuf Hauswirtschaftslehrerin und zuletzt wohnhaft gewesen in Innsbruck, Brennerstrasse 5, war zuletzt in der Reichskanzlei in Berlin dienstverpflichtet, wurde von den Russen abgeführt und ist seither vermißt. Die letzte Nachricht erreichte den Vater auf telefonischem Wege im März 1945, zuletzt gesehen wurde sie am 2. 5. 1945 von einer Mit-Dienstverpflichteten.

Daher wird auf Antrag ihres Vaters, Dipl. Ing. Andreas M a n z i a r l y das Verfahren zur Todeserklärung eingeleitet und die allgemeine Aufforderung erlassen, dem Gerichte über die Verschollene Nachricht zu geben.

Sie selbst wird aufgefordert, sich zu melden.

Nach dem 10. Juli 1963 wird auf neuerliches Ansuchen über den Antrag auf Todeserklärung entschieden werden.

Landesgericht Innsbruck
Abt. 3, am 13. Mai 1963
Dr. Karl Schmitzer.
Für die Richtigkeit der Ausfertigung
der Leiter der Geschäftsabteilung:
Hilchammer

Angeschlagen am:
Abzunehmen am: 11.7.1963

Handschrift des Vaters die Adresse des Suchdienstes des Roten Kreuzes notiert.

Im Jahr 1963 wurde Constanze auf Antrag von Andrä Manziarly durch Beschluss des Landesgerichts Innsbruck amtlich für tot erklärt.[75] Als Todestag setzte

75 Tiroler Landesarchiv, Innsbruck, Bestand Landesgericht Innsbruck, 1963, Todeserklärung Constanze Manziarly

^ *Edikt des Landesgerichts Innsbruck im Zusammenhang mit der Todeserklärung von Constanze Manziarly aus dem Jahr 1963*

das Gericht den 2. Mai 1945 fest. Doch die schmerzliche Erinnerung ließen Vater und Schwester ihr Leben lang nicht los, vor allem wohl auch, weil das Schicksal der Vermissten unaufgeklärt blieb und die Familie ihre Trauer nicht abschließen konnte. Noch mehr als sechzig Jahre nach den tragischen Ereignissen hatte ihre Schwester Susanne beim Gespräch über Constanze Tränen in den Augen.

Unabhängig davon, dass Constanze Manziarly durch ihre Zugehörigkeit zum persönliche Umfeld Adolf Hitlers für kurze Zeit ins Scheinwerferlicht der Weltgeschichte geriet, wird ihr Schicksal so auch zu einem Sinnbild für das Leid, das Krieg, Diktatur und eine verbrecherische, mitleidlose Ideologie über Millionen Menschen dieser Generation gebracht haben.

^ *Grabstein der Familie Manziarly auf dem Friedhof Wilten-West in Innsbruck*

ANHANG

LITERATUR

Uwe Bahnsen, James P. O'Donnell: Die Katakombe. Stuttgart 1975

Stefan Dietrich: „Daß Politik durch den Magen geht, spürt niemand so wie ich". Vom kurzen, außergewöhnlichen Leben der jungen Innsbruckerin, die im „Führerbunker" Hitlers Diätmahlzeiten kochte. In: Zeit – Raum – Innsbruck. Schriftenreihe des Innsbrucker Stadtarchivs, Band 14. Innsbruck 2017

Stefan Dietrich: Wie „Hitler's cook" mediale Strohfeuer auflodern ließ. In: Zeit Raum Innsbruck. Schriftenreihe des Innsbrucker Stadtarchivs, Band 15. Innsbruck 2019

Henrik Eberle, Matthias Uhl (Hg.): Das Buch Hitler – Geheimdossier des NKWD für Josef Stalin, zusammengestellt aufgrund der Verhörprotokolle des Persönlichen Adjutanten Hitlers, Otto Günsche, und des Kammerdieners Heinz Linge, Moskau 1948/49. Bergisch Gladbach 2005

Joachim C. Fest: Hitler. Eine Biographie. Frankfurt a. M./Berlin/Wien 1973

Joachim C. Fest: Der Untergang. Das Filmbuch. Hamburg 2002 (Taschenbuchausgabe 2003)

Heike B. Görtemaker: Eva Braun. Leben mit Hitler. München 2011 (aktualisierte Taschenbuchausgabe)

Heike B. Görtemaker: Hitlers Hofstaat. Der innere Kreis im Dritten Reich und danach. München 2019

André Heller, Othmar Schmiderer: Im toten Winkel. Ein Gespräch mit Traudl Junge. DVD 22 aus der Reihe „Der österreichische Film", Wien 2002

Anton Joachimsthaler: Hitlers Ende – Legenden und Dokumente. München, Berlin 1995 (Lizenzausgabe: Augsburg 1998)

Werner Jochmann (Hg.): Adolf Hitler – Monologe im Führerhauptquartier 1941-1944. Die Aufzeichnungen Heinrich Heims. Hamburg 1980 (Sonderausgabe: Bindlach 1988)

Traudl Junge, Melissa Müller: Bis zur letzten Stunde. Hitlers Sekretärin erzählt ihr Leben. München 2002.

Sven Felix Kellerhoff: Hitlers Ende im Führerbunker. Bau, Nutzung und Überreste. Berlin 2018 (2. Auflage)

Ian Kershaw: Hitler. Stuttgart 2000

Armin D. Lehmann: Der letzte Befehl – Als Hitlers Botenjunge im Führerbunker. Bergisch Gladbach 2003

Armin D. Lehmann, Timm Carroll (Hg.): In Hitler's Bunker – A Boy Soldier's Eyewitness Account of the Führer's Last Days. Edinburgh 2003 (E-Book)

Rochus Misch: Der letzte Zeuge. Ich war Hitlers Telefonist, Kurier und Leibwächter. München 2013 (Taschenbuchausgabe, 11. Auflage)

Horst Möller u. a. (Hg.): Die tödliche Utopie. Bilder, Texte, Dokumente, Daten zum Dritten Reich. München 2001 (3. Auflage) und München 2016 (7. Auflage)

Michael A. Musmanno: Ten days to die. Garden City, 1950 (Deutsche Ausgabe: Michael A. Musmanno: In 10 Tagen kommt der Tod, München 1950; Neuauflage: Michael A. Musmanno: Hitlers letzte Zeugen. München 2004)

Uwe Neumärker u. a.: Wolfsschanze – Hitlers Machtzentrale im II. Weltkrieg. Berlin 1999 (Lizenzausgabe: Augsburg 2005)

Hans-Joachim Neumann, Henrik Eberle: War Hitler krank? Ein abschließender Befund. Bergisch Gladbach 2009

Anton Neumayr: Hitler. Wahnideen, Krankheiten, Perversionen. Wien 2001

Wilfred von Oven: Finale Furioso. Mit Goebbels bis zum Ende, Tübingen 1974

Harald Sandner: Hitler. Das Itinerar. Aufenthaltsorte und Reisen von 1889 bis 1945. Berlin 2016

Harald Sandner: Hitler – Das letzte Jahr. Chronologie einer Apokalypse. Berlin 2018

Ernst Günther Schenck: Patient Hitler. Eine medizinische Biographie. Düsseldorf 1989(Lizenzausgabe: Augsburg 2000)

Christa Schröder, Anton Joachimsthaler (Hg.): Er war mein Chef – Aus dem Nachlass der Sekretärin von Adolf Hitler. München 1985 (12. Auflage 2004)

Albert Speer: Erinnerungen. Berlin 1969

Hugh R. Trevor-Roper: Hitlers letzte Tage. Frankfurt a. M./ Berlin 1995 (Neuauflage)

BILDNACHWEIS

Archiv Autor: S. 26; Archiv Verlag: 126o., 127; Bayerische Staatsbibliothek München/Bildarchiv: S. 78; Berlin Story Verlag, Berlin: S. 98/99; CGI Christoph Neubauer: S. 86; Constantin Film (Universal Pictures): S. 12, 119; Stefan Dietrich: S. 19u., 49, 138; Innsbrucker Nachrichten, 8.8.1944: S. 59; NARA: S. 124; National Archives: S. 13; Josef Simcik/Familienarchiv Schaffenrath: 38, 45u., 48, 53; Stadtarchiv Innsbruck: 18, 19o., 20; Tiroler Landesarchiv, Innsbruck: 137; Tiroler Tageszeitung, 14.10.1955: S. 136; Wikimedia commons (unter der Creative commons-Lizenz CC-BY-SA 3.0*): S. 66/67 (MesserWoland); Wikimedia commons/Bundesarchiv (unter der Creative commons-Lizenz CC-BY-SA 3.0*): S. 33 (Bild 183-1999-0412-502), 44 (Bild 146-1973-034-42 / Heinrich Hoffmann), 45o. (Bild 146-1991-077-31), 46 (Bild 146-1990-048-29A), 74 (Bild 146-1984-079-02), 75o. (Bild 146-1972-025-12), 76 (Bild 146-1972-025-64), 94o. (Bild 183-J31334), 94u. (Bild 183-J31342), 95 (Bild 183-R89708), 96 (Bild 183-H26034 / Heinrich Hoffmann), 97 (Bild 183-H26035 / Heinrich Hoffmann), 126u. (Bild 183-J31405); Wikimedia commons/ public domain: S. 75u., 114, 115, 125; Zeichnung Robert M. Jurga in „Adlerhorst – Autopsie eines Führerhauptquartiers“ © Verlag Werner Sünkel: S. 91; alle anderen Abbildungen: Familienarchiv Pasnocht

[illegible]

12/9 45

Ihr lieben Getzelein!

Jetzt seid Ihr einmal die Getzelein, nicht nur ich die Kafi Getzeln, gell? Ihr werdet schon böse sein, weil so lang keine Nachricht kommt. Ich wollte heute Mittag schreiben, bin aber ohne daß ich wollte eingeschlafen und 5 Min. vor Ruhezeit aufgewacht. Ich muß mir in der Mittagspause immer d. Wecker stellen, sonst verschlaf' ich einmal. Also, wo soll ich anfangen?

Ab Freitag morgens 6^00 bin ich schon ganz normal im Betrieb eingesetzt. Jetzt bin ich für ein paar Wochen bei der Kochkostausgabe, da ist nämlich das Wichtigste und Leichteste. Ich mach' Nudeli früh u. Abend selbständig und mach dann die Tabelle u. Liste mit einer Angestellten zusammen. Das ist viel Arbeit und das Austeilen* sehr schwierig weil so viele Differenzierungen sind, „Schwerarbeiter". Man verzählt sich furchtbar leicht, vor allem kann ich die Abkürzungssprache auf den Kostplänen noch nicht. (Jeder Patient hat seinen eigenen.) Und wehe wenns nicht stimmt!

* auch bei Nudeli u. überhaupt allem

Wenn Ihr einmal die Absicht habt, ein Päckchen zu machen mit dem, was ich schon schrieb (Kleiderschürzen etc.) dann bitte *vorher* Nachricht, vielleicht kommt noch eine Kleinigkeit dazu, damit es unter einem geht. z.B. bitte um *Butterdose*.

Donnerstag, 16.9.43.

Liebe Getzeln!

Nun bin ich schon 8 volle Tage hier, heute ist mein erster freier Tag. Immer Donnerstag. Hab zuerst fein lang geschlafen, bis 9h, um 3/4 10 erst aufgestanden. Das war fein u. kann man gebrauchen, wenn der Wecker tgl. um 5 rasselt. Da hab ich manchmal eine Wut auf den Kerl! Wenn ich ihn wenigstens [illegible] könnt wie die Uhr, aber das Schalterl find ich immer nicht und muß den [illegible] erst in beide Hände nehmen, und wenn ich sehr verschlafen bin, erst unter der Decke zum Schweigen bringen.

Montag und Donnerstag wird jetzt immer „Küchenbesprechung" für die Küchenangestellten sein, d.i. Fragenbeantwortung u. Tadel für uns Küchenleute. Soll manchmal sehr interessant, manchmal langweilig u. peinlich sein, je nach Laune des Chefs. Er soll manchmal Frl. [illegible] u. die andere ältere [illegible] ausfragen u. vor den Praktikantinnen blamieren wie Schulmädeln.

25.11.43.

Liebe Ui!

Ich schicke mit gleicher Post 2 kleine Päckchen an Dich ins Präsidialbüro, beide sind für Papas Namenstag. 1 mit Likör, 1 mit einem Hasenpräparat. ~~Zweck u. Wirkung~~ über dieses Präparat schreibe ich dem Vater selbst im Namenstags-brief. Stell' Du es ihm einfach zu seinen Gaben. Ich habe die 2 Sachen getrennt geschickt, weil sie zusammen mehr als 1/2 kg wiegen. Hoffentlich kommen sie rechtzeitig an! Die Post dauert neuerdings wieder etwas länger. Ich konnte es erst heute (freier Tag) kaufen.
Vor 8 Tagen haben wir [illegible], weißt Du noch??

Jetzt viele gute Bussi, Dein

Hupfelgatz.

Den Namenstagsbrief schicke ich rechtzeitig an Dich ins Amt, Du legst ihn auf den Tisch, sonst liest er ihn früher, weil er meint, es ist ein gewöhnl. Brief.

17.7.44.

Meine Lieben!

Gestern konnte ich erst Sorge schreiben, ich habe mich sehr gefreut, dass es so gut geklappt hat.
Ich habe nun erfahren, dass meine Nachfolgerin bereits bei Z. eingestellt wird u. mich in wenigen Wochen ablösen wird. Dann fahre ich zurück nach L. u. mache, wenn möglich, die Kur. Mein Zimmer in L. habe ich einstweilen behalten u. auch teilweise meine Sachen noch dort.
Nun heißt es Urlaub für die Kur.
Die ostpreußischen Ebenen habe ich mir viel langweiliger vorgestellt als sie ist, es gefällt mir recht gut. Das Klima bekommt mir sehr, soweit ich das bis jetzt feststellen kann, gut, ich fühle mich wohler als im Berg u. in Höhenlagen überhaupt.
Jeden 2. Abend bin ich Gast meines Chefs.
Zu tun gibt es immer genug.
Die Sachen, um die ich gebeten habe, werdet Ihr schon weggeschickt haben, hoffentlich ging das glatt u. kommt gut an. Ich habe Garderobe-schwierigkeiten; vor allem fehlt mir ein ungefüttertes Sommerkleid u. 1 Sommermantel, sonst habe ich größte [illegible].

20.7.1944.

Meine lieben Kätzchen!

Ich will Euch nur kurz mitteilen, daß es mir gut geht u. Ihr keine Sorge um mich zu haben braucht.
Ich wohne schön, und auch die Arbeitsverhältnisse sind gut. Wenn ich ab u. zu mein Schnuffelkätzchen oder den Schwarzkater da hätte, wär es freilich noch viel schöner, und nicht so einsam.
Wie lange haben wir schon nicht miteinander reden können! Aber das ist nun einmal Schicksal! Dem B. auch wollte ich noch sagen schreiben, ob er mich nicht besuchen kann, aber da reisen wir schon ab.

Ich schrieb vor wenigen Tagen an Euch. Bitte teilt mir mit, wie lange die Post gebraucht hat. Schreibt mir bitte gleich, damit ich sehe, wie es mit der Post funktioniert. Ich habe viel Dienst und viel Verantwortung und werde daher wohl öfters, aber nicht lange schreiben, was Ihr sicher verstehen könnt. Bitte macht es auch so.
Gleich wird der Führer sprechen.
Wir müssen sehr dankbar sein, daß die Vorsehung uns den Führer erhalten hat. Es war wie ein Wunder. —

am 27.7.1944.

Meine Lieben!

Jetzt hat sich endgültig entschieden, daß ich hier bleibe, der Führer hat es selbst so gewünscht, und damit sind alle anderen Erwägungen unmaßgeblich geworden. Ihr glaubt gar nicht, wie schwer es mir fällt, Euch dies zu schreiben, daß ich in der nächsten Zeit nicht komme (Urlaubnehmen kann ich nicht, und fliegen wäre noch schwerer als schreiben), denn ich weiß, daß es ein Dolchstoß fürs Mutterherz und fürs Schwesterherz ist, Euch wieder allein zu lassen. Ihr müßt aber bitte immer daran denken, daß meine Aufgabe eine der schönsten, aber auch eine der schwersten ist; ich habe eine ungeheure riesige Verantwortung auf mir, und wenn ich weiß, daß Ihr Euch gut mit dieser Änderung abfindet, so habt Ihr mir vieles erleichtert.

Man muß nun ernstlich daran gehen, eine Lösung für das Haushaltproblem zu finden, denn auf die Dauer könnt Ihr es so nicht schaffen. Ihr werdet denken: schöne Worte aus der Ferne – aber genaue Vorschläge kann ich auch nicht machen, außer dem einen, daß man sich halt doch mit größter Ausdauer um ein Mädchen bemühen muß. —

Für meine äußeren Lebensbedingungen ist gut gesorgt. Bei Alarmen gehen wir in einen ganz sicheren Raum, der Feind wird uns wohl in nächster Zeit nicht in Ruhe lassen wollen. Bitte geht auch Ihr bei Alarm gewissenhaft u. schnell in den Keller. — Mein Gehalt ist erhöht worden, bitte Inge schreibe mir, wie man Geld am zweckmäßigsten anlegt. Ich bin ganz unerfahren.

Brief 3

27. 8. 1944.

Mein lieber Papsi,
liebe Vi!

Gestern kam das Päckchen mit dem Kleid an [illegible], ich kann gar nicht sagen, wie glücklich ich darüber bin, es ist die Rettung in der Not.
In der nächsten Zeit sollen wir 1 Uniformkostüm bekommen (grau), es kann aber noch ziemlich lange dauern. Einen Regenmantel habe ich bereits bekommen. Was mir dann noch dringend fehlt, ist 1 Bluse, es gibt Mittelding zwischen sportlich u. elegant, am liebsten weiß. Habe ich noch etwas auf der Kleiderkarte? Gibt es etwas darauf zu kaufen, oder ist sie verfallen? Ich bin in diesen Dingen ganz doof.
Wegen Bezugschein bin ich noch nicht weitergekommen. Es gibt hier keine Dienststelle, die dafür zuständig ist, nur 1 für Zivilisten.
Wenn irgendwie ein Stoff f. 1 Bluse aufzutreiben wäre, könnte ich sie ev. hier machen lassen.
Daß das Luftpostpäckchen m. Buch u. Seife, Photo etc. angekommen ist, habe ich bereits in meinem letzten Brief bestätigt. In diesem Brief habe ich auch gebeten, mir das schwarze Kleid zu schicken, das Dir überflüssig war.
Bitte numeriere auch du Deine Briefe, damit ich ebenfalls 1 Kontrolle habe.
Wegen meiner Behandlung schreibe nichts an Zabel. 1.) hat er nicht erfahren, daß ich zu fremden Ärzten gegangen bin, sobald er das wüßte, würde er es wahrscheinlich auch für die Zukunft ablehnen, meinen Fall zu übernehmen, außerdem erscheint es taktlos, da ich in B. doch immer noch voll u. ganz zu seiner Richtung bekannt habe. Wenn ich hier abtrünnig geworden bin, so deshalb, weil ich keinen anderen Weg sehe u. aber 1 Behandlung als unbedingt notwendig empfunden habe, außerdem ist der mich zur Zeit behandelnde Prof. M. in diesen Dingen bestimmt sehr gut u. sicher, dank seiner großen Forschung. [illegible] dieser Art behandelt Prof. Z. übrigens in 1. Linie auch nur mit Spritzen, ich weiß das von der Laborantin des Chefs, die ein ähnlicher Fall ist wie ich u. 8 Wochen bei Z. war. Eine reine biolog. Behandlung in diesem Sinne gibt es nicht, das hat mir Z. vor meiner Abreise gesagt, als ich bei ihm war; eine biol. Behandlung kann auch nicht neben dem Beruf durchgeführt werden, bes. hier nicht. Es wird hier für mich getan, was möglich ist. Das Wichtigste allerdings kann nicht ausgeschaltet werden: der Aufenthalt dauernd in Luftschutzkeller, unregelmäßige Mahlzeiteinteilung u. unkontrollierte Ernährung durch das viele Arbeiten.

Brief 6) 7

Am 19.9.1944.

Meine Lieben!

Noch immer bin ich nicht dazugekommen, das Paket mit den Sachen, die ich nicht brauche, an Euch abzuschicken. Jeden Tag ist etwas anderes, was mich daran hindert, oder ich schlafe in meiner Freizeit. Wenn ich weiß, daß es spät werden wird, bis ich ins Bett komme, suche ich mir nachmittags eine Stunde aus, zu schlafen, u. nichts kann mich daran hindern. Wenn man da nicht streng gegen sich selbst ist, kommt man zu kurz.

Mein schwarzes Kleid ist bereits in Arbeit, bei einer Frau, die für den Hausgebrauch schneidert, nicht berufsmäßig, aber recht nett. Sie ist auch bereit, mir ein Unterkleid zu nähen, den Stoff dafür habe ich zu Hause liegen (blauer Crêpe Satin), ich habe ihn einmal von J. [illegible] bekommen, Du weißt ja woher. Ich bitte Euch, mir diesen Stoff gleich zu schicken, später kann die Frau vielleicht nicht mehr für mich nähen. Außerdem bitte ich Euch, mir die Stoffreste von meiner alten beigefarbenen Piquébluse, die ich mir im [illegible] gemacht habe, mitzuschicken, ich möchte versuchen, ein Plastron für das

(7)

Bern 24.9.1944.

Meine lieben Liebsten!

Ihr seid wirklich meine rettenden Engelchen, meine einzigen Helfer in der größten Not. Heute kam das weiße Bläuschen, das ich sehr nett finde, sehr passend in der Art u. auch in der Farbe. Dafür hat sich der Walter die „Hacken abgerannt“, wenn man zu diesem lieben Geschenkchen überhaupt Hacken sagen kann. (Wenn ich solche Ausdrücke gebrauche, merke ich erst, daß ich doch schon recht verschweizert bin, sie sind mir zwar nicht mehr recht geläufig.) Wie hat der Walter das mit dem Bläuschen denn gemacht? Das einzige, was daran noch fehlt, sind kleine Achselpolsterchen, die ~~[illegible]~~ Schultern hängen ein bißchen zu viel. Es hat doch Polsterchen früher fertig zu kaufen gegeben, ob jetzt noch weiß ich nicht. Meist waren sie eingezogen. Wenn Ihr welche bekommen könnt, dann schickt sie mir doch bitte (es sind meist 2 oder 3 Paar) u. ein bißchen alten Stoff dazu, ~~[illegible]~~ (hell) dann mache ich sie mir selbst wie ich sie brauche. Ich habe ~~[illegible]~~ 2 Kleider wo welche hineingehören.

Wegen Schuhe werde ich hier nachfragen. Grundsätzlich brauchen meine Füße nicht zu werden, das wäre ~~[illegible]~~ im Gegenteil schlecht, denn kommen die Krümmungen ebenfalls. Das Herz zuckt etwas schwach, das wirkt sich in den äußeren Körperteilen u. besonders an den Fingerspitzen sehr aus. Übrigens auch am Zahnfleisch. Ich bin z. Zeit hier in Behandlung bei dem ausgezeichneten Prof. [illegible], sehr gewissenhaft, der alles am Gebiß in Ordnung bringt. Ich habe wieder etwas Paradentoseerscheinungen, die Zahnhälse liegen z. Teil frei. Es wird aber schon besser.

Ich schrieb vor ein paar Tagen einen ausführlichen Brief an Euch, in dem ich auch meine ~~[illegible]~~ Kleidungswünsche mitteilte. U. a. bitte ich Euch auch, falls es auf die Kleiderkarte Wäschezettel einzulösen gibt, dieselben zu besorgen u. zu schicken.

Mein [illegible] geht zur Neige.

Wir haben nämlich vom Chef Trainingsanzüge geschenkt bekommen, Reinseiden, für mich sind sie etwas kurz, aber trotzdem bin ich unendlich froh darüber. Die kamen wie gerufen. Wir haben noch viel Spaß dabei gehabt, weil zuerst manche ganz dicke Wintersachen kamen. Der Chef wurde ~~[illegible]~~ über deinen Geschmack selbst unterrichtet und war der Meinung, das sei „le dernier cri“, — bis er unsere Gesichter sah!

Meine lieben Liebsten, vielen vielen Dank für die Bemühungen, der Walter hat mir viel Gutes damit getan u. mir aus einer großen Verlegenheit geholfen.

Von den Kr 1550.- aus Ey. sind 1000.- die von der nicht stattgefundenen [illegible] = 550.- mein Privatgeld.

10000000 Bussi
Eure [illegible].

1/1

Ich verdiene hier viel, verbrauche aber auch viel Geld.

25.9.44.

Lieber Papa(?), eben habe ich am Telefon mit dir gesprochen. Anbei die Schlüssel von Frau [illegible], der kleinere ist der Schrankschlüssel in meinem ehemaligen Zimmer, der andere ist der Haustorschlüssel, bitte zurückgeben. Ich habe sie damals mitgenommen, weil ich dachte, in 14 Tagen, spätestens 3 Wochen wieder dort zu sein.

Dann die Angelegenheit Rüdiger(?): Als ich hier her kam, [illegible] kam gleichzeitig 1 Rot-Kreuz Schwester zu [illegible], die als mein Ersatz gedacht war. (War schon früher einmal vorgesehen). Als sich entschied, daß ich bleibe, wurde der [illegible] vorgeschlagen, diese Schwester ~~[illegible]~~ hierher kommen zu lassen. Damit wir uns ablösen können. Das wurde abgeschlagen. Sie wird aber in Reserve gehalten, für Krankheits- oder Urlaubsfälle. Für 2 [illegible] würde der Chef auch [illegible] gestatten(?), er hatte schon Hemmungen, Frau v. [illegible]* u. mich zu haben, „man soll nicht sagen, der S. hält sich eine eigene Köchin." Da aber er u. 2 seiner engsten Mitarbeiter Diät nötig haben, kann er es vor sich verantworten.

~~[illegible]~~ Rüdiger(?) halte ich für ungeeignet, sie ist eine gute Theoretikerin u. Pädagogin, aber praktische Arbeit u. Kochen liegt ihr gar nicht, es würde nicht gehen, u. außerdem war(?) sie [illegible] über einen solchen Vorschlag. Und wenn eine Ablöse f. mich gesucht wird, so kann nicht ich die Vorschläge dafür bringen, sondern die Ärzte(?).

Ich habe natürlich nie frei, aber das macht nichts, ich entschädige mich schon zwischendurch, indem ich die freien Stunden nutzbringend verwende. An Urlaub denke ich noch gar nicht, dazu bin ich ja noch viel zu kurz da, und möchte auch jetzt gar keinen. In dieser überaus kritischen Zeit möchte ich den Posten nicht verlassen, weil ich doch jetzt gebraucht werde.

Lieber Walter, nun muß ich Schluß machen, weil sonst die [illegible] den Brief nicht mehr annimmt.

100000 Bussi Deine [illegible].

Liebe Ole(?), sei recht lieb zu mir, indem du mitgehst, wenn der Walter für mich einkauft. Ich würde es ja auch tun, wenn wir für Dich was besorgen würden. Viele [illegible]

Dein [illegible].

* meine Vorgängerin.

(12)

29.10.44.

Meine lieben Kätzchen!

Heute fährt jemand nach Berlin, der mir diesen Brief mitnimmt u. dort einsteckt. Da kann ich etwas freier schreiben.
Ich hab mich sehr gefreut, daß ich gestern m. Euch sprechen konnte u. bin nun wieder beruhigt. Ich bin nur neugierig, was mit Väterchen sein wird wegen Volkssturm oder irgend einer Arbeitsverwendung. Hier kämpft der Volkssturm bereits mit in der Front, und wenn man sieht, wie nun jeden Mann gedrängt u. gezwungen wird, u. es oft wirklich auf an jeder Stelle mehr zusammen geht, daß eine Stellung gehalten werden kann, dann glaubt man es wirklich, daß der Volkssturm „das letzte Aufgebot" ist, u. eine notwendige Verordnung. Der Menschenmangel ist ein Verhängnis.
Natürlich habe ich keine Angst, denn ich bin ja in Sicherheit, u. wir gehen schon, bevor uns der Russe in den Kochtopf spuckt. Aber das Jammern u. all die Schreckens- u. Elendsbilder einer mit Ochsen- u. Handwagen flüchtenden Bevölkerung beeindruckt einen doch sehr. Wo ich im September noch Einkäufe gemacht habe, ist jetzt schon Kriegsgebiet. Ich glaube aber sicher, daß es sich hier wieder festigen wird. Ich wünsche mir ja sehnlich, daß wir hier bleiben, hier weiß ich Euch am besten, wenn uns nicht mit der Luft gerade etwas beschert wird.
Damit wir uns leichter verständigen können, werde ich in meinen Briefen meinen jetzigen Aufenthaltsort als „Sanatorium" bezeichnen, den „Berg" als Russen, Berlin als Erholungsheim, Unseren Chef schreibe ich Oberarzt.

Bln. 1.12.1944.

i[illegible] [illegible] [illegible] [illegible]

Mein liebes Sinnenmädchen,

heute erst erfahre ich, daß du gelb bist, mein armes, liebes, Kleines, Süßes. Aber ich mag dich trotzdem noch, wenn du auch „schwarz“ bist. Wenn ich wieder einmal komme, bist du sicher wieder weiß. Du mußt mir versprechen, daß sich so etwas nicht wiederholt. Im Rundfunk z. haben wir die Erfahrung gemacht, daß Patienten mit Gelbsucht nie nur 1 Gelbsucht haben, sondern immer wieder. Was sagt der Arzt, woher du die hast? Es gibt 1 infektiöse Gelbsucht, ist deine 1 solche? Was bekommst du für 1 Diät? Ausführlich schreibe darüber, das interessiert mich sehr! Sicher findest du in der Rekonvaleszentenzeit einmal 1 Stunde, wo du mir schreiben kannst. Inge hat mir schon im letzten Brief geschrieben, daß du schlecht ausschaust, matt u. schwindelig bist; sicher hat sich die Krankheit schon länger angebandelt.

Mein liebes Schneewittchen, wie du schon wissen wirst, bin ich wieder in B.

Ich adressiere nach Hause, weil ich nicht weiß, wo du liegst. - [illegible]. Inge wird dir den Brief sicher mitbringen. Grüße für uns [illegible]. Heute habe ich die 1. Post aus B'[illegible] [illegible] [illegible].

5. 12. 44.

(18)

Lieber Walter,

heute Telegrammstil:

1.) Koffer von Frau v. Ottenfeld heute angekommen. Vielen Dank. Ob meine Reise dadurch frei wird weiß ich noch nicht sicher, wollte sie hier mit 1 Teil meiner Sachen stehen lassen. Denn nicht überall Alles mitschleppen. Koffer will ich mitnehmen. Werde aber für Dich sorgen.

2.) Dreißens haben mir sehr nett geschrieben, bemühen sich sehr um mich. Haben mir schon Kostümstoff f. 1 Winterstraßenkleid mitgeschickt. Sehr fein. Haben bloß keine Zeit Dir zu schreiben.

3.) Wegen Zeugnis von Zobel sprach ich kürzlich mit Frl. Flach. Du mußt es nämlich abfassen, Zobel unterschreiben etc. Ist mir auch viel lieber, denn Frl. Flach kann beurteilen was ich gearbeitet habe. Frau Zobel ging sie bloß 2 x tgl. durch die Küche u. weiß die Arbeit nicht zu schätzen. Ich erwähnte aber niemandem ein Wort über dieses Thema, sonst gibt es falsche Vermutungen.

Ich freue mich in Deinem Brief [illegible] vom 3. über Urlaubsgesuch. – Daß ich Urlaub bekomme [illegible] ich sicher, weiß ich nicht, [illegible]! Ob meine [illegible] nicht, [illegible] noch nicht so [illegible]. Rot + schwarz [illegible] ich nicht [illegible]. Ich [illegible] nicht [illegible].

(18)

8. 12. 1944.

Mein lieber Jorg!

Ich schicke morgen ein Päckchen ab an Dich, [illegible]. Habe Dir rechtzeitig geschrieben, sie soll Frl. Groß orientieren, daß Du es Frl. Jäger gibst.
Schicke das Weihnachtspäckchen an Euch alle. Den Inhalt teilt bitte so auf wie es paßt, ich weiß das nicht so genau. Es sind hauptsächlich gute Sachen, leider nicht in der Menge wie ich es Euch gerne zukommen lassen möchte. Etwas M. u. K., ferner etwas Baka.... Die Auflaufformen aus Jenaer Glas habe ich Frl. Jäger zugedacht, wenn Sie sie brauchen kann. Sie müßte sich aber, wenn sie am Gas kochen will, 1 Verteilernetz* kaufen, ich glaube, daß man das bekommt. Sonst müßt Ihr sie behalten fürs Backrohr.

(Die Gasflamme soll nicht das Glas direkt treffen)

14. 12. 1944.

Mein Sepi!

Bist ein Liebes, hast mir 1 Briefkarte geschrieben vom 7. 12. Vermutlich hattest du da die 2 Briefe, die ich kurz nacheinander von Berlin aus schrieb, noch nicht.

Freue mich, daß du durch die Krankheit wenigstens Ruhe u. eine gewisse Art von Erholung bekommst, vielleicht war das der Sinn der Krankheit. Sei bitte vorsichtig. Wenn du die Gelegenheit zu 1 Gallenkur hast, so ergreife sie doch mit beiden Händen, bevor sie wieder schwindet; es kann dir ja gar nichts Besseres passieren. Wenn diese Gelbsucht die 1. fühlbare Auswirkung einer längeren (vielleicht schon lang vorbereiteten) Leber-Gallen-veränderung ist, so ist das die Heilmöglichkeit. Auf diese Weise würdest du für die nächsten Wochen die Sorge um die Diäteinhaltung los. Diät mußt du auf alle Fälle halten. U. zwar würdest du da 1 andere Art von Diät kennenlernen, die biologische, die unserer Ernährung zu Hause ähnlicher ist. Die in Kliniken verabfolgte (schulmedizinische) ist häufig veraltet, nimmt wohl die akuten Beschwerden weg u. heilt aber nicht auf längere Sicht. Wenn du nach Hause kommst, nicht ab-[illegible] u. putzen u. waschen, sonst ist alles was du jetzt gewinnst, wieder hin. Man muß jetzt unter diesen Umständen den Mut aufbringen, auch mal einer ver-

Leuschnerdamm 7, 10999 Berlin

Curt Cowall/
Peter Dörp (Hg.)

DIE TAGEBÜCHER DES VERLEGERS CURT COWALL 1940–1945

Von Hitler in Paris bis zur Schlacht um Berlin
300 Seiten, 12,5 x 20,5 cm, Broschur, 19,95 Euro
ISBN 978-3-95723-170-3

In den Tagebuchaufzeichnungen des Berliner Verlegers Curt Cowall von der Hochphase 1940 bis zum Untergang 1945 in der Schlacht um Berlin spiegeln sich Ambivalenz und Dramatik des Lebens während des Nationalsozialismus wider. Der Beruf des Verlegers, zusätzlich die „philosophische Sichtweise“ der Privatperson, die Infiltration nationalsozialistischer Propaganda durch Presse und Radio und dazu die verheerende schicksalshafte Kriegsentwicklung trüben und schärfen den Blick des Tagebuchschreibers zugleich. Das Ergebnis ist ein einmaliges Zeitzeugnis, Mahnung vor populistischen Verführern und eindrückliches Plädoyer für Völkerfreundschaft und Frieden.

Wieland Giebel (Hg.)

BOMBEN AUF BERLIN

Zeitzeugen berichten vom Luftkrieg
225 Seiten, 12,5 x 20,5 cm, Broschur, 16,95 Euro
ISBN 978-3-95723-071-3

Ohne Pathos berichten 50 Zeitzeugen über die Tage und Nächte, in denen im Zweiten Weltkrieg Bomben auf Berlin fielen. Aus den individuellen Schicksalen ergibt sich ein historisches Bild der Zeit, die eine Generation bis heute geprägt hat. So einstand ein einzigartiges Buch bewegender Schilderungen.
Mit einem Vorwort von Sven Felix Kellerhoff.

Helmut Altner/
Tony Le Tissier (Hg.)

TOTENTANZ BERLIN

384 Seiten, 12,5 x 20,5 cm, Gebunden,
19,95 Euro

ISBN 978-3-95723-043-0

„Kämpfe weiter, bis Du die Kugel bekommst. Alles ist in sich zusammengestürzt. Du stehst mit leeren Händen da." Der 17-jährige Frontsoldat Helmut Altner schildert als Ich-Erzähler die letzten Tage des Zweiten Weltkriegs in Berlin. Er verabschiedet sich von seiner Mutter, wird erst an der Front im Oderbruch an einem Vormittag an der Waffe ausgebildet, nimmt an den schlimmsten Tagen des Kampfes um Berlin in Seelow und Friedersdorf gegen eine immense sowjetische Übermacht teil. Dann marschiert er zurück nach Spandau, kämpft sich am 29. April 1945 teils über Leichenberge durch U-Bahn-Tunnel ins Regierungsviertel durch. Später wird er in der Nähe von Brandenburg vom Russen gefangengenommen. Ein direkter, authentischer Bericht vom Schlacht-Feld Berlin, der wie kein anderer erklärt, wie es dazu kommen konnte, dass der Krieg der Deutschen bis zur letzten Minute mit solcher Inbrunst geführt wurde.

Johanna Ruf

EINE BACKPFEIFE FÜR DEN KLEINEN GOEBBELS

Berlin 1945 im Tagebuch einer 15jährigen |
Die letzten und die ersten Tage
118 Seiten, 12,5 x 20,5 cm, Broschur,
12,95 Euro

ISBN 978-3-95723-121-5

Johanna Ruf ist Zeugin des Untergangs. Sie ist die letzte, die ihr Schweigen nach Jahrzehnten bricht. Dies ist ihr Tagebuch von damals. Im Anhalter Bahnhof versorgt sie Flüchtlinge, im Lazarett der Reichskanzlei Soldaten, trifft die Goebbels-Kinder, hastet durchs Granatfeuer und wird bei der Roten Armee dienstverpflichtet.